社会学理论分析与应用探索

马震越◎著

吉林出版集团股份有限公司

全国百佳图书出版单位

图书在版编目（CIP）数据

社会学理论分析与应用探索 / 马震越著 . -- 长春：
吉林出版集团股份有限公司 , 2024. 5. -- ISBN 978-7
-5731-5241-1

Ⅰ . C91

中国国家版本馆 CIP 数据核字第 2024UR1704 号

社会学理论分析与应用探索

SHEHUIXUE LILUN FENXI YU YINGYONG TANSUO

著　　者	马震越	
责任编辑	赵　萍	
封面设计	张秋艳	
开　　本	710mm×1000mm	1/16
字　　数	200 千	
印　　张	10.25	
版　　次	2024 年 5 月第 1 版	
印　　次	2025 年 4 月第 2 次印刷	
印　　刷	天津和萱印刷有限公司	

出　　版	吉林出版集团股份有限公司
发　　行	吉林出版集团股份有限公司
地　　址	吉林省长春市福祉大路 5788 号
邮　　编	130000
电　　话	0431-81629968
邮　　箱	11915286@qq.com
书　　号	ISBN 978-7-5731-5241-1
定　　价	69.00 元

前 言

　　"社会学理论是一组互相关联的观念，能对社会世界的知识加以系统化，能解释社会世界，并且能预测社会世界的未来。"①1838年，孔德创立了第一个社会学理论，至今，社会学理论已有180多年的历史。

　　社会学理论讨论的是人类的行为、互动和组织。社会学中存在着不同学派、范式和发展策略之间的论战，但这一学科也有着共有的话语场域，共同关注的论题，共享性的概念、理论和方法体系。随着社会经济的快速发展，尤其是全球化、信息化的强劲出现，人类社会的现实再次发生转变。整个人类社会的知识体系都面临着新的检验，社会学理论当然也毫不例外。因此，在人类社会由工业社会向知识社会、由现代社会向全球社会发生转型的时期，我们必须重新认识社会学理论体系。而重新认识社会学理论，在一定意义上说，就是重新认识我们身处其中的社会结构及其变迁的机制，重新认识我们的日常生活本身。

　　本书共分五章。第一章为社会学理论概述，介绍了社会学理论产生的历史背景、社会学理论的特质。第二章为社会学理论的发展历程，分别介绍了创立时期的社会学理论、形成时期的社会学理论、现代社会学的冲突与困境、后现代社会学的兴起四个方面的内容。第三章为社会学研究方法，阐述了方法论的意义、研究方式、研究过程。第四章为社会学理论在社区建设中的应用，主要介绍了三个方面的内容，依次是基于社会学的社区治理创新原理、社区治理的主体及其互动

---

① 乔治·瑞泽尔. 当代社会学理论及其古典根源 [M]. 杨淑娇，译. 北京：北京大学出版社，2005.

机制、社区人力资源的开发与激励。第五章为社会学理论在教育领域中的应用，主要介绍了三个方面的内容，分别是教育组成要素的社会学分析、社会学视域下的教育变革、高等教育系统中的社会学。

在撰写本书的过程中，作者得到了许多专家、学者的帮助和指导，参考了大量的学术文献，在此表示真诚的感谢。由于作者水平有限，书中难免会有疏漏之处，希望广大同行及时指正。

马霞越

2023 年 6 月

目 录

第一章　社会学理论概述

现代社会学在 19 世纪上半叶剧烈的社会变革中形成，各种社会矛盾引起了社会学奠基者们的深入思考。本章内容为社会学理论概述，介绍了社会学理论产生的历史背景、社会学理论的特质。

第一节　社会学理论产生的历史背景

恩格斯说过："历史从哪里开始，思想进程也应当从哪里开始，而思想进程的进一步发展不过是历史过程在抽象的、理论上前后一贯的形式上的反映。"[1] 社会学作为一门独立的科学，产生于 19 世纪的西欧，它不是偶然的，而是人类历史进程和人类思想进程发展的必然结果。

一、社会学产生的社会历史条件

在近代西方社会，急剧性的变迁推动了近代社会学的产生，这种变迁的集中反映是两场与之密切相关的革命，即 1789 年的法国资产阶级政治革命，以及 19 世纪中期的产业革命。前一场革命作为推翻封建制度、开启欧洲资本主义发展之路的革命，象征着对旧有社会结构的彻底变革，实现了近代社会变革的目标；后一场革命则作为技术革命，以机械化大生产代替工场手工业，使生产效率得到极大的提高。这两场革命使人类社会发生了天翻地覆的变化。这种变化集中表现为如下几方面：

（一）社会结构发生了巨大变迁

17 世纪，英国工业革命揭开了资本主义发展新的一页。随着机器工业的出现，首先是英国的棉纺织业打破了封建行会和持国家特许状公司对自由贸易和生产的

---

① 马克思，恩格斯.马克思恩格斯全集：第 13 卷 [M]. 北京：人民出版社，2016.

限制；随着雇佣劳动、自由贸易和资本主义商品生产的浪潮席卷而来，其他行业也被卷入了其中。18世纪以后，英国机器工业生产逐步扩散至法国和德国，欧洲掀起了一场经济变革。这场革命是以机器工业为中心而展开的，它改变了世界政治和经济秩序的基本格局。

机器制造业的兴起极大地推动了社会生产力和劳动生产率的发展，使欧洲社会组织和结构发生深刻变革，具体表现为：工业革命解放了劳动力，加速了人口从农村向城市的迁移步伐；随着时间的推移，封建贵族所拥有的社会财富和资本逐渐被新兴资产阶级所取代；资本主义生产关系确立，从而使社会生活方式、价值观念和道德规范等方面发生重大变化。行会因机器生产的发展而瓦解，这导致农村及城市家庭的结构和功能发生变化，同时催生了一个庞大的社会组织；资本主义生产方式的普遍实行推动了商品经济的进一步繁荣；自由生产的竞争推动了新技术的创新和应用，加速了科学技术向生产力的转化过程；商品经济在资本主义生产关系中占有越来越重要的地位；随着商品生产的蓬勃发展，市场规模不断扩大，以获取原材料和产品为主的全球性的贸易竞争和掠夺由此展开；随着市民社会经济活动不断发展，宗教组织逐渐褪去了昔日的神秘面纱，不再具有绝对权威性，转而走向世俗化的发展道路；法律成为制约贵族特权的"武器"，并成为调节经济活动的手段。

在18世纪，欧洲经历了一场以工业革命为引领的经济变革，这场变革彻底使欧洲从礼俗社会向工业社会迈进。同时，整个社会的联系也空前地得到了加强。社会历史进程中的这种深刻变化，在思想进程上必然有所反映，这便产生了建立一门专门研究这种变化、具有鲜明的整体性特征的新学科的社会要求。

（二）市民社会出现了新的危机

1789年，法国大革命标志着新兴的资产阶级上升为欧洲政治的主宰者。随着工业革命的推进，封建政治制度彻底瓦解，资本主义制度得以在西欧确立。在启蒙思想家理性旗帜的指引下，法国大革命完成了从最初的酝酿、准备到最终实现的蜕变。同时，资产阶级所描绘和许诺的市民社会，是一个自由、平等、博爱的理性社会。然而，资产阶级通过政治革命成功夺取统治政权后，便对其他阶级进行摧残和打压，这其实是对启蒙思想家高举的理性旗帜的倒戈，即非理性的启蒙思想取代了理性的启蒙思想，雅各宾的恐怖专政论取代了卢梭的社会契约论，启蒙思想家对自由、平等和博爱原则的向往和追求被无情否定和消灭。由资本主义生产关系引起的社会财富分配不均现象，也加剧了阶级矛盾及社会矛盾的尖锐程度。

西方社会在资产阶级革命之前就产生了"大爆炸"式的社会运动。在19世纪三四十年代，英国宪章运动、法国里昂工人起义及德国西里西亚纺织工人起义相继发生，这表明欧洲主要资本主义国家内部的劳资阶级冲突不断升级。随着资产阶级革命浪潮向整个世界扩展，工人阶级在争取自身解放过程中不断壮大起来，他们逐渐成为推动历史前进的强大力量。为了应对市民社会所面临的危机，一些社会思想家致力于重新构建和调整社会生活秩序，以适应社会改良和发展的需求，这也是社会学兴起的社会背景。

（三）自然科学方法的影响越来越大

在近代理性实验科学崛起的背景下，力学、生物学等自然科学取得了较为明显的进步，地质学、化学、生理学等学科也取得了一定的进展。18世纪至19世纪初期，自然科学取得的明显进步具体表现为细胞学说得到证实、能量守恒和转化规律相继被发现、生物进化论"横空问世"。

可以说，自然科学所积累的实证科学知识，成为社会科学获得发展的必要思维方式和研究方法，使社会科学有可能摆脱以往仅限于理论思辨与定性描述的传统，从而开阔观察问题的眼界。包括斯密与李嘉图在内的英国古典经济学家，其所获得的成果就能印证这一时期社会科学有所突破。

自17世纪以来，欧洲部分资本主义国家的学者在数学方法的启发下，开始运用统计学原理对社会现象进行观察与研究，收集并整理与人口、商业、财政及犯罪等有关的数据资料，这一点从英国经济学家配第的《政治算术》一书中就能得到证实。该书认为：数学、重量和尺度等，均可对社会中的任何现象作表述，并对其进行比较分析。此外，马尔萨斯、凯特莱等人同样运用数学、统计学等方法，针对人口问题开展经验研究。从某种意义上来说，早期的经验性社会研究是实证主义社会学产生的理论来源，它为实证主义社会学开展相关研究提供了示范导向。

二、社会学理论产生的思想渊源

（一）古希腊的社会哲学

社会学虽然直到 19 世纪才成为一门独立科学，但是社会学思想几乎和人类社会一样悠久。古希腊时期，一些哲学家就进行过关于社会起源、社会结构及社会发展的讨论，并提出过不少有预见性的猜测和有深远影响的观点。

柏拉图是古希腊哲学家中留下系统研究社会理论著作的第一人。他的《理想国》虽然主要是关于政治制度的描述，但也包含了许多社会学的思想。他认为，社会起源于人们生活的需要。既然人们是为了满足多种需要才组成社会，那么，在组成社会的许多人中间必然有不同的社会分工。柏拉图认为，最基本的社会分工有三种：社会的统治者、社会的保卫者和普通劳动者。在分析这种分工形成的原因时，柏拉图最先提出了社会有机体的思想。尽管柏拉图的思想还很粗糙甚至很武断，但他认为理想的社会是一个统一的有机整体，这个整体内需要有不同的分工。这种分工决定了社会的结构。

亚里士多德的社会思想比柏拉图更深刻，影响更深远。亚里士多德认为，人类在本性上就是合群的，就要过社会生活。人类这一本性只有在国家中才能充分实现，反过来说，国家是人类本性充分发展的必要条件，国家的目的就是要保证人类本性充分实现，保证人们过优良的生活。亚里士多德的这一思想构成了近代社会契约论的理论前提。

社会起源于人的本性，而人的本性是相同的，那么，为何世界各地的政体和社会制度不同呢？亚里士多德的解释是：一个国家的政治制度与该国的地理位置、气候、疆域等有关；一个民族的禀赋是由它所处的地理环境决定的，至少与地理环境有密切的联系。他的这一思想形成了地理环境决定论的理论渊源。此外，与柏拉图比较起来，亚里士多德还特别重视经验的研究方法。他关于各种不同社会制度的分析比较以及社会制度与地理环境关系的论述，都是建立在对历史上存在的各种政体分析的基础之上的。

（二）近代社会科学

近代资本主义生产方式的兴起带来了自然科学的复兴。自然科学的进步和成功，不仅提高了人们改造自然的能力，而且促使人们用自然科学的观点和方法来研究社会。并且试图像自然科学那样，建立起一门门具有各自独特学科内涵的社会科学。社会学正是人们这一努力的结果，但这是 19 世纪以后的事。在 19 世纪以前，还没有与哲学、政治学、史学、法学、经济学等完全分离的独立的社会学，当时人们的社会学思想主要表现在其他学科之中。

社会契约论是社会学创立之前人们关于社会的一个重要理论。近代社会契约论最早是由 17 世纪荷兰法学家格劳秀斯提出的，后来又经霍布斯、洛克、卢梭等人作了不同的发挥。尽管这个学说的历史真实性和逻辑依据不足，但这个学说本身毕竟是同宗教神学的社会观相对立，是为社会变革，特别是为法国资产阶级大革命提供理论依据过程中发展起来的。它坚持从人的本性来说明国家和社会的起源，从人的自然本性来说明社会分化、社会冲突、社会聚合、社会变迁等等。因此，尽管社会契约论是一种超历史的社会观，但它至少使人们相信：社会是人的产物而不是神的产物，这就为人们科学地研究社会提供了出发点。

18 世纪意大利思想家维科，一方面强调人在社会历史发展中的能动作用，强调社会是由人创造的，另一方面认为人们不能随心所欲地创造历史。历史是表面上看起来混乱的、往往互相冲突、许多个人行动联结成为统一体的过程。他认为，尽管历史是人们所创造的，但历史是有规律的，人们能够认识这些规律。他还认为，世界上每个民族的发展都要经过三个阶段，即神学阶段、英雄阶段和人本阶段。社会的发展表现为这三个阶段的不断循环和周期性的反复。这就是维科的历史循环论的观点。这个观点虽然难以成立，但它把人类社会看成一个统一的发展过程，并且认为这一过程有规律可循，这一点是合理的。这个思想对孔德产生了重要的影响。

18 世纪的法国启蒙思想家孟德斯鸠对社会的认识更深入了一步。他不仅承认人类社会的发展有自己的规律，而且试图探索各种不同的社会现象及各个民族在文化、风情、法律制度等各方面各不相同的具体原因。虽然他在强调地理因素对于国家民族的作用时有过分之嫌，但他强调社会制度不是主观自生的而是由客观因素决定的这一点，坚持和承认了人类社会秩序的客观性，同时，这也意味着坚持了包括社会学在内的社会科学研究对象的客观性。

与孟德斯鸠将注意力放在决定社会秩序的外在因素方面不同，苏格兰思想家约翰·米勒和亚当·弗格森则特别注意到决定社会秩序的内在因素——社会生产方式。米勒看到，随着社会经济的发展，必然出现社会不平等、产生社会等级。他提出，人们的财产分配情况，是使他们受世俗政权管辖并决定他们的政治结构形态的最根本的事实依据。这就是说，米勒已经发现，经济关系决定着人们的社会关系、决定着社会秩序。弗格森则在他1769年发表的《市民社会史》中对经济制度与整个社会制度之间的关系作了深入的探讨。尽管在他以前的思想家已注意到社会分工这一事实，但却忽略了分工所产生的社会后果。弗格森指出，分工不仅是一种经济制度，而且是一种社会制度。正是社会分工把整个社会划分为不同的阶层，并建立起了整个社会秩序。他指出："凡是工业……十分发达的地方，那里的人就最无须用心，那里的工厂无须想象便可视为一架机器，而人则是机器上的零件。"①

法国空想社会主义者圣西门为社会学的创立奠定了更直接的基础。圣西门不仅把社会视为一个有机体，认为社会的发展遵循着一定的规律，而且还认为，人类社会的发展与自然界的发展服从统一的规律。他最先提出要用研究自然的方法来研究社会。他认为，牛顿发现的"万有引力"是支配宇宙间一切事物的普遍规律，从万有引力的观念中可以产生出对一切现象的或大或小的说明，它既可以说明自然界的一切现象，也可以说明人类社会的历史。在《人类科学概论》一书中圣西门还承认，关于人的科学迄今为止还只是一门猜想的科学，必须把它建立在物理学和其他领域中那种观察和研究方法的基础上，必须赋予关于人的科学以实证的性质，他甚至还创造了"社会物理学"和"社会生物学"这两个名词，并设想用它们来称谓关于人的科学。

三、早期社会学的特征

从学科史的角度看，一门新学科的诞生及其所体现出来的学科特征，一方面是社会对该学科所包含的新知识体系的客观需要的反映；另一方面，也是社会为这种新知识体系的产生提供的具体条件的产物。以社会学而言，受特定的社会历史、思想素材和学科发展规律的制约，其诞生和体现出的早期特征，对社会学后续发展产生了深远的影响。

---

① 亚当·弗格森.市民社会史[M].北京：中国政法大学出版社，2003.

（一）学科取向上的整体性和经验性

在社会学产生以前，并不缺乏以社会为研究对象的学科，在这个意义上，社会学的出现并不是因新的研究对象所致。但是，由于以工业化为核心的急剧变迁，使社会各部分之间联系空前密切，或者说整体性特征空前显著，这使得以社会为研究对象的其他学科，在研究社会的过程中，出现了一些不可能在现存知识体系范围内，也无法用传统的学科研究方法予以解决的课题。这种已有学科与社会发展之间出现学术真空地带，使社会学作为一个学科应运而生。社会学也从传统社会研究思辨的窠臼中摆脱出来，走向经验的研究。

（二）方法论上的自然科学化的倾向

文艺复兴以后，随着近代实验科学的兴起，力学、生物学、地质学、化学、生理学等自然科学有了重大的进展。18 世纪和 19 世纪上半叶，自然科学的重大发展给创立者带来了勇气，同时也使其他领域的研究开始模仿自然科学。

（三）社会观上的改良倾向

自社会学诞生之日起，受其创始人阶级立场的影响，其所表现出的学科特色，不是保守主义的，而是主张社会变革的；也不同于激进主义（如空想社会主义），而是具有明显的改良色彩。

第二节　社会学理论的特质

在具体分析社会学理论的理论特质之前，首先有必要对社会学理论与社会理论作一点区分。按美国《社会学百科辞典》有关条目的定义，社会理论泛指对社会生活全貌作出全面解释的意图，社会理论大体包括逻辑—演绎理论、描述理论、数理理论、统计理论，而社会学理论只是社会理论的一个组成部分。至于社会学理论，按照美国社会学家罗伯特·默顿的说法，"只是泛指社会学家从各个方面进行的、互有关联的活动产品之二"[①]。它研究社会学的一般性原则，其中有的部分已成为或者可能会成为社会学基本法则。

---

① 罗伯特·K.默顿.社会理论和社会结构 [M].唐少杰，齐心，等，译.南京：译林出版社，2008.

一、社会学理论的构成要素

众所周知，社会学是一门社会科学。社会学的理论作为一种科学知识体系，与其他科学理论的知识体系在构成形态上是别无二致的，即它们都是以抽象的语词、以逻辑化和体系化的方式再现对象的本质、结构和规律。因此，掌握社会学理论，对于社会学理论（也包括其他科学理论）是由哪些要素组成的有一个基本的了解，是完全有必要的。

（一）概念

概念是构成任何理论的基本材料。概念指称现象，将现象从自然和社会中分离出来。如分子、原子、太阳、月亮就是来自自然界的概念。社会学的概念包括群体、组织、角色、制度、结构等。每一个概念用一个术语表达，它表达了社会中某类现象的根本特性。概念由定义组成，定义则是语言中的句子逻辑符号或数字符号组成的语词系统，它表征了概念所特指的现象。例如，角色这一概念只有赋予它定义才有意义，而角色的定义就是"与个人的某种身份有关的、由社会规定了的行为模式"。通过这一定义，人们能够想象出角色这一概念所特指的社会现象。对于建构理论的概念而言，存在着一种重要的要求，即表达概念的语言符号应尽可能地准确和精确，以便使所有的使用者对这一概念的理解是一致的。同时，概念不是一成不变的，应随着社会的变化而变动，因而对概念进行重新定义和阐述也是社会学家的任务之一。

社会学的概念可以划分为非变量性的概念和变量性的概念。前者仅仅是标明现象的概念，如群体、阶级等，而不涉及其变化状况；后者是说明事件、现象变量性特征，如大小、高低、强弱等。概念对于社会学理论构造的重要意义在于，它对形成理论和进行检验具有有用性。所以选择概念的标准是概念的准确性、概念的经验性依据、概念对理论形成的有效性。

（二）理论陈述及其格式

概念只有相互联结才能成为有用的概念。概念之间的联结就构成了理论陈述。理论陈述的作用是说明概念所特指的现象或事实相互联结的方式，以及解释现象或事实应当如何及为什么相互联结。

如果将构造理论视为一个建筑工程，那么，概念只是砖瓦、沙子、水泥等基本建筑材料，而理论陈述则是将这些基本建筑材料加以组合，因而，理论陈述是理论构造的关键环节。

理论陈述或者说对概念的组合总是依照一定的方式来完成的。在理论陈述中，概念的组合或配置方式就是理论的陈述格式。如何以最佳的陈述格式来构造理论是社会学家关心的问题，也是容易在认识上产生分歧的问题。

对于理论陈述的格式，美国社会学家乔纳森·特纳提出了如下四种基本框架：

1. 思辨理论框架

思辨是对某一理论陈述的哲学反思，主要反思蕴含在这些陈述中对世界所作出的基本假设，如人类活动的基本性质是什么？社会的本质如何？什么样的理论是可能的？社会学应重点研究社会的哪些方面？等等。因此，思辨理论框架在总体上是探讨研究的基本立场、认识论、方法论这样一些重大的哲学问题。正如任何理论都不能没有自己的哲学前提一样，思辨理论在理论建构中也是不可避免的，思辨使解释具体事件的理论更自觉、更有穿透力。事实上，社会学理论的确也包含了一定程度的思辨理论。当然，思辨理论也有自己的局限性：由于它所涉及的问题在经验范围内是无法解决的，因此，人们不得不在无休止的争论中，在科学的确定性和哲学的不确定性之间，不断地寻找某种自认为合理的平衡点。

2. 分析框架

所谓分析框架，是指对理论活动的基本单元——概念，进行分类或者说类型学处理，使人们对于研究对象的认识具有某种秩序感。分析框架是发展理论的一个必不可少的手段。若没有这样一个对概念分类的框架，就不能了解自己在研究什么，也很难提出具体的理论命题和模型。分析框架的种类很多，经验事件一旦在分类中确定了位置，解释也就随之产生。例如，依照马克斯·韦伯四种行动类型的理论，我们就可以根据不同行动的类型特征来进行有针对性的解释。

3. 命题框架

命题是规定两个或两个以上变量之间关系的理论陈述，即表明某一个概念的变化是怎样由另一个概念的变化来加以说明。例如，霍曼斯的"刺激命题"是"相同的刺激可能会带来相同或相似的行为"，即行为这一概念的变化是由刺激这一概念的变化来加以说明的。

按照命题的抽象程度和将命题组织成格式方式的不同，可以将命题框架分为三种不同的类型：公理化格式、形式化格式、经验格式。

理论陈述的公理化格式由三种要素构成：首先，要具备一套概念，其中包括高度抽象的和较为具体的概念；其次，要具备一套存在命题，存在命题是对类型和种类情境进行描述，概念和由概念组合而成的命题在此情境中得以运用，存在命题形成了理论的解释域；最后，将命题按等级陈述。公理化格式可以从公理推出一系列相关命题，它们具有指称的相关现象范围广等优点。同时，由于公理具有不证自明的直觉真理性，由它推演出来的定理也不会被经验所否定。但是，需要指出的是，由于公理化格式所要求的是数学理论那样严密的逻辑演绎，对概念和变量也要求精确定义，并能严格控制理论体系之外的所有可能产生的变量，而这在社会学中是很难做到的，因而在社会学的理论构建中很少采用公理化格式。

在社会学理论建构中运用较多的是形式化格式，它的目的是先建立高度抽象的理论命题，然后通过不太严格的逻辑演绎和经验演绎推导出某些经验命题。形式化格式一般不排除外在变量的影响，常常附加一些假定和条件语句，以便有效地解释某一范围或某一层面的社会现象。

理论陈述的第三种格式是经验格式或经验概括。经验格式是从现实社会的大量具体事件中概括出的一系列经验命题，它们的抽象程度较低，涉及的时间和空间都有限，与经验对象的联系较紧密。例如，"随着工业化和城市化进程的加快，人们受教育的程度在提高"，就是一个经验命题，它是对工业化和城市化这个具体历史过程与人们受教育程度之间关系的一种经验性概括。尽管经验概括在抽象程度上有高有低，但严格地说，还不能称为理论。

从以上三种基本命题框架看，公理化格式理论形式完美、论证有力，但社会学研究中的变量关系绝大多数不能满足其严格的条件，因而很少运用。社会学理论中使用较多的是能说明变量间关系的形式化命题。另外，在社会学的具体领域由经验概括得出的各种经验命题也有相当重要的作用。

4. 建模框架

建模框架是以建立模型的方式陈述社会现象之间的联系和相互作用。所谓模型，就是用图式（数学方程式、直观图形等）来描述社会事实、事件或现象。构成模型的图式有三个基本要素：表明特征的概念，概念配置于具体空间以及事实、事件在世界中的位置，表明概念之间相互关系的符号如等式、向量等。社会学所建立的模型一般分为两类：一类是分析模型，另一类是因果模型。其中分析模型通常用于描述过程，具体说明较抽象和较普遍过程之间的关系，通过这些过程，公理化理论、形式化理论的概念能够联结起来。而因果模型所提供的解释则是追溯所有有关变量之间的因果联系，通过这些变量说明社会事件的变化。建立因果模型是为了区分在某些时间序列中自变量对某些因变量的影响。

理论的四种基本形式在构建社会学理论体系中都有自己独特的作用，但由于只有命题形式理论具有较高的逻辑性、抽象性，同时能够与经验世界之间建立起可验证的关系，是科学意义上的理论形式，因而在社会学理论建构中具有重要的意义。

构造一种完整的、科学的社会学理论，需要首先赋予概念准确的定义，然后选用不同种类的理论陈述格式来进行理论陈述，同时这种理论陈述还必须是"原则上可以检验的经验性假说"。但自从有社会学以来，真正达到这种境界的社会学理论并不多见，因而美国社会学家尼尔·斯梅尔瑟指出："必须将社会学理论的界说视为期望达到而非现实的描述。"

二、社会学理论的建构方式

科学理论的建构依赖于逻辑、理性和经验研究。科学所使用的逻辑体系分为演绎逻辑和归纳逻辑。这两种方式都可以建构理论。

建立演绎理论的一般步骤如下：第一，确定理论的基本主题内容和范围，明确理论要解释什么现象。例如，建立一种社会结构理论，首先要对社会结构作出明确的定义，并说明它是解释普遍的宏观结构还是个人交往层次上的微观结构，是各种社会形态的社会结构还是特定社会制度中的社会结构。第二，了解与主题有关的经验知识。通过探索性研究或对以往各种经验研究的考察，掌握现有的各种经验概括。第三，对中心概念和其他基本概念作出明晰的、具体的操作定义，即用变量和指标来揭示概念的内涵。第四，提出新的中心概念来组织理论命题。这一中心概念的提出要运用创造性的思辨方法。第五，建立命题演绎系统，明确阐明一些作为公理的假定，并推导出一系列定理，最后结合各种经验命题发展一套抽象层次不同的命题等级系统。第六，用经验资料检验理论。主要方法是从理论命题严格推演出假设，然后根据假设来搜集新的经验资料，检验理论。

建立归纳理论则是从经验观察开始，构建过程不是从抽象的理论出发，一般要经由下述步骤：第一，不作理论假设而直接进入实地研究阶段；第二，描述实际发生的现象和事实，用一系列经验命题的方式加以陈述；第三，在大量观察的基础上找出最有概括性的命题，由此提出具有普遍意义的模式。

演绎理论与归纳理论没有严格的界限，它们需要在经验概括的基础上通过思辨、洞察或直觉创造出新的抽象理论。在社会学理论研究中，运用演绎逻辑主要目的是检验现有的理论，运用归纳逻辑则在于发现各种经验规律，用以建构新的理论。

三、社会学理论的评价标准

社会学理论的评价标准，即评判具体社会学理论好坏优劣或存在价值的尺度，是一项复杂且颇具争议的工作。它不只涉及社会学理论是什么及其有何效用，也包括对社会学理论评价的主观视角和模式、评价的方法和技术，还涉及认识论和科学哲学的基本理论。

一般说来，我们可以将以下几点视为评价社会学理论的重要标准：

（一）解释能力

对于社会现象，一个新的社会学理论应当比该领域内原有的理论具有更好的解释能力，即它能说明旧有理论不能很好说明的各类社会事实。一个社会学理论要获得社会的广泛认可，通常是从以下途径实现的：该理论提出了一个或一组新的核心概念或核心范畴，并以此为基础，构建出一套理论体系。如果关注这一理论的人认为它具有新的理论解释力，便自然而然地成为这一理论的拥护者和追随者，并着力于在这一理论的框架内解决问题，同时在解决问题的过程中进一步展现这一理论的解释力。例如，结构功能理论、冲突理论、交换理论、互动理论，均莫不如此。由于任何理论都有局限性，这使得始终存在一些既有理论又难以解释"反常"社会现象；同时，社会及对于社会的认识都是在发展的，这种"反常"社会现象也会不断增多，因此，在这些"反常"社会现象面前，新社会学理论是否具有解释力以及解释力的大小，便成为人们评价该理论价值的核心判据之一。

（二）指导行动的能力

社会学理论不仅具有解释社会世界的功能，还应具有改造社会的功用，即拥有指导人们进行成功的社会实践的能力。因此，一个好的社会学理论对于各类社会行动者，从个人、群体到组织都能提供有力的行动依据，继而有效地解决社会问题。从根本上说，只有能有效地指导实践行动的理论才是好的社会学理论。社会学理论解决实际问题的有效性，类同于自然科学理论的实验检验。一个不能指导人们解决现实社会问题的社会学理论，是难以得到人们认同的。

（三）预测能力

预测能力也是评价社会学理论的一个重要指标。社会学理论的解释能力和指导行动的能力，在相当程度上是建立在对社会世界因果关系真实把握的基础之上的。社会界与自然界相比，虽然在运行机制上存在着极大的差异，但两者又有共同点，即两者都服从于因果律。也就是说，与自然界一样，引起某一事实出现的社会条件越相似，同样的社会事实发生的概率就越大。社会学理论的本质，就在于揭示社会现象背后的因果关系。因此，某一社会学理论对于社会现象因果关系的揭示越准确、越深刻，对于社会的预测能力也就越强。当然，社会世界的"人为"性质以及社会历史的不可重复性，使社会学理论（也包括其他学科的社会理论）在准确预测未来上比自然科学理论要困难很多。

（四）逻辑上自洽

这是评价社会学理论基础性的要求。一个成熟的社会学理论，应先满足基本概念清晰、推理严密、体系内无逻辑矛盾和概念冲突这样一些基本标准。当然，这也是其他理论应满足的条件。

四、关于社会学理论的科学性

既然社会学是一门科学，就有一个如何看待其科学性的问题。由于社会与自然是两类不同类型的研究对象，由于在社会的基本单元——人的活动中存在着文化价值等原因，人们对于社会学科学性的看法差异就很大。但即使如此，我们依然可以对这一问题形成基本的看法。

按照通常的理解，科学是"反映自然、社会、思维等客观规律的分科的知识体系"。即使按照最狭义的理解，人们也都承认科学具有如下特征：科学的对象是真实时空中的存在物；科学的活动是以经验为基础，寻求真实知识的过程；科学活动的结果能够由经验世界证实或证伪；科学的成果具有工具价值。按照广义的理解，科学除以上特征外，还应包括：科学是人类所创造的文化系统中的一个基础性和指导性的子系统；科学是人类把握世界的一种基本方式（另外还包括艺术、宗教、哲学等方式），因而科学需要与其他文化形式结合才能完整地把握世界；科学又是一种探索真理性和合理性的精神和方法，因而科学的实际含义超出了科学主义狭隘的"实证"科学观。

尽管社会学知识体系包含不属于狭义"科学"范畴的文化要素，同时，也不是"科学"这个词汇能够包括无遗的，由于社会学是以经验的方式去获得对于社会整体性、系统性真知的知识体系，依据以上对于科学的理解，因而在总体上确定它无疑是一种科学理论。

美国社会学家乔纳森·特纳从创造知识的不同方式的角度，论证了社会学知识体系的科学地位。

特纳认为，知识体系的类型划分事实上提出了两个基本问题：一是知识的搜集是具有价值判断的还是中立的；二是所提出的知识是要与实际经验事件和过程相一致，还是应该涉及非经验现实。

依据知识是否是可评价的和知识是不是经验的这两个判据，可以将知识体系分为四种类型。第一，假如知识要告诉我们在经验世界应该有什么东西（并且暗示什么不应该发生），这便是意识形态的知识。第二，假如它告知我们应该是什么但并不与可观察事件相一致，则它是宗教知识。第三，假如知识既非经验的也非可评价的，则它是一种逻辑形式系统，例如数学。第四，假如它是关于经验事件的知识，又不带价值判断，它就是科学。

在特纳看来，在各种观察、解释和发展世界知识的方法中，科学只不过是其中之一。基于这一假定：知识是价值中立的，它能解释经验世界的实际运行，并根据对经验事件的观察作出修改。正是这些特征，使科学与其他创造知识的形式区分开来。

第二章 社会学理论的发展历程

社会学理论只是一套相对统一的知识体系，在它的发展中，实际上交织着许多脉络或主题。本章内容为社会学理论的发展历程，阐述了创立时期的社会学理论、形成时期的社会学理论、现代社会学的冲突与困境、后现代社会学的兴起。

第一节 创立时期的社会学理论

一、孔德的社会学理论

奥古斯特·孔德既是实证主义哲学的创始人，也是公认的西方社会学的创始人，享有"社会学之父"的美称。

（一）生平及理论倾向

1. 生平简介

1798 年，孔德出生于法国南部地中海海滨的古城——蒙贝利埃。孔德的父亲在县税务所担任会计官职，孔德的母亲则是流亡的贵族小姐。在幼年时期，孔德的身体非常虚弱，疾病缠身。虽然此时的孔德面貌并不出众，但是却有异于常人的学习天赋。在孔德 9 岁时，他就在蒙贝利埃中学寄宿，他的文科成绩和理科成绩都排在学校前列；此外，学生时期的孔德还带有叛逆精神。

1812 年，孔德顺利考入当时远近闻名的"巴黎综合技术学校"，但由于不符合入学年龄，他在两年之后才正式入学。除对数理科学保持极高的学习热情外，孔德还对时事政治抱有积极的学习态度，他经常阅读政治和社会理论著作，尤其是 18 世纪以来由启蒙思想家撰写的哲学、政治著作。这一时期，孔德的叛逆精神表现得尤为明显，他经常和其他同学一起违反校纪校规，这导致其总是会遭到校方的申斥，甚至还屡遭校方的囚禁。1816 年，他所在的学校最终对他作出开除学籍的决定。

1817 年，在他人介绍之下，孔德开始在著名空想社会主义思想家圣西门身边担任秘书。在最开始，孔德很敬重比自己年长 30 多岁的圣西门，认为圣西门是自己的良师益友。在 7 年后，孔德经常与圣西门发生意见争执，最终无奈分道扬镳。在这期间，孔德一直过着捉襟见肘的日子，他的收入来源基本是以教授他人数学为主。之后的时间里，孔德一直在为创立实证主义哲学做准备。实证主义哲学是以实证科学为根基而形成的哲学体系，实证主义哲学与形而上学哲学是彼此对立的。

1826 年，孔德在其寓所举办了"实证哲学讲座"，当时应邀前来听讲的多为法国科学界的知名人士。然而，孔德举办的"实证哲学讲座"没持续多长时间，他本人便患病。1829 年，孔德重新开始举办"实证哲学讲座"，并且每周只讲两次。随后，孔德开始把讲稿编成《实证哲学教程》一书，该书自 1830 年开始出版，其内容涵盖数学、天文学、物理学、化学、生物学、社会学等领域。至 1842 年，该书共陆续出版六卷。《实证哲学教程》一书是孔德人生中最具代表性的著作，其被视为在实证主义哲学流派中具有里程碑意义。在这本著作中，孔德不仅率先使用"社会学"一词，而且还提出创建社会学学科的系统思想。

孔德本人曾非常渴望在大学获得正式的教职岗位，但最终未能如愿。孔德曾在大学有过短暂的兼职经历，与学术界的交集并不频繁，后来逐渐沦为学术边际人。有过不幸婚姻的孔德在 1844 年与克洛蒂尔德相识，然而这段被称为"柏拉图"式的爱情关系，由于克洛蒂尔德不幸因病去世，仅维持了一年便结束了。克洛蒂尔德的逝世对孔德的心理造成了相当大的影响。晚年间的孔德，在其提出的"实证"概念中加入了"感情"要素，同时竭力推崇早年间他所反对的宗教，他甚至还创立了以强调人类爱情为宗旨的"人道教"，由他本人亲自担任教主。

1851 年至 1854 年期间，孔德的代表作《实证政治体系》正式出版发行。在该书中，他对西方近代实证主义的历史进行了全面而系统的分析。对比来看，《实证哲学教程》更多强调以自然科学为主的实证精神，而《实证政治体系》则更加强调以爱和同情心为核心的情感因素，倡导唯感情主义。孔德的这一思想在西方思想史上具有重要意义。1857 年，孔德病逝于巴黎。

2. 主要理论倾向

孔德所处的时代正处于一场深刻的变革之中，这场变革带来了巨大的影响。此时的法国刚刚经历了大革命的"洗礼"，社会局势动荡不安，政权更迭频繁发生，旧的秩序已被打破，新的秩序有待建立。盛行于18世纪的启蒙主义思想在当时被许多知识分子所继承，他们对人的理智和科学的发展持有乐观看法，这为建立一个平等自由、更加开明、更加人道的社会提供了坚实的保障。孔德既支持启蒙思想，反对封建主义和复辟主义，又竭力维护社会的稳定和秩序，期望在"进步"和"秩序"之间寻求平衡关系。虽然他声称为了"大脑卫生"，曾停止阅读，但却广泛涉猎古今众多思想家的著作，其中，对他有较大影响的人物包括培根、笛卡儿、霍布斯、康德、莱布尼茨、波舒哀、孔多塞、圣西门等。实际上，他将前人的许多思想，如启蒙主义、保守主义、自由主义、经验主义等，进行了创造性的综合。

（1）统一科学观

作为实证哲学的创始人，孔德坚持一个基本理论观点：人类社会是自然的一部分，社会现象与自然现象并不存在本质的差异，它们都遵循某些不变的基本规律。他据此进而认为科学是同一的，可以运用类似自然科学的实证方法来研究人类社会。在他看来，到19世纪，人们运用科学的方法来研究自然已获得巨大的成功，而关于人类社会的研究由于缺乏科学的手段和方法，因而一事无成，仍停留在形而上学的抽象思辨的阶段。他所开创的社会学是一门以实证科学方法为基础，探究人类社会的基本特征和规律的学科，其不仅能够揭示人类历史的演变特征，还能够预见人类社会未来的发展趋向，同时阐明影响社会稳定的具体历史条件。这种以事实为依据的科学研究方式被称为实证主义。自然科学所采用的实证科学方法，是一种基于经验证据的系统性解释方法。孔德曾将社会学称为"社会物理学"，不难看出其对社会学学科本质的深刻理解和对物理科学的无限热爱。

孔德着重从两个方面强调了社会学的科学特性。

第一，社会学属于以自然科学为起点的一个统一的科学系统，并且是整个科学序列的最高层次。在孔德看来，科学本质上属于有机的整体，所有具体的科学（包括社会学在内）都是从科学整体中分化而来的，但所有具体的科学并非混乱无序的序列，而是根据研究对象的复杂性和普遍性，形成的一个规律性的序列，这一序列依次是：作为所有科学研究方法基础的数学、天文学、物理学、化学、生物学、社会学。

第二，社会学是指导人们有效地改造社会、建立良好社会秩序的理论和知识，因而必须具备科学的、理性的特征，摒弃脱离实际的空泛议论。孔德指出，只有使知识更加科学化，才能推动社会朝有序化方向发展。人类在改造自然世界过程中，需要以自然科学为指导；同理，人类在改造人类社会过程中，也需要以社会科学理论（也就是社会学）为指导。社会学研究对象的社会性，决定了社会学与自然科学相比具有更大的灵活性。因此，社会学应当被视为一门类似于自然科学的知识体系，用以探究人类社会的复杂性和多样性。社会学的理想在于构建一套高度抽象、逻辑严密且经得起实证检验的理论体系，其由多条基本定理组成，以有效解释和说明各种具体的社会现象，甚至能够预测和控制许多社会事件的发生，这与物理学的理想不谋而合。

（2）社会改良观

孔德强调实证主义社会学在改造社会、推动社会发展方面的重要作用。他对当时社会的政治、道德、学术等各个领域的混乱状况深感担心和不满。因此，他希望通过倡导实证的科学来统一人们的认识，重建社会秩序。当然这种新秩序绝对不是恢复到原来的状态，而是以政治开明、道德进步、社会稳定、人民幸福为特征的新类型。他再三强调社会进步必须以社会秩序为基础，提倡渐进式的社会改良方案，提倡道德调节的重要性，反对激进的社会运动，因为后者往往导致社会的动荡不安、人们生活没有保障。他认为，由于受到旧制度和旧观念的束缚，实证主义社会学在当时尚处于建立过程中，还没有发挥应有的作用，实证主义精神的优越性也未能充分显示出来。他强烈要求在学校开设实证主义课程，并积极地举办实证主义讲习班，成立实证主义教育自由协会，热情地对普通民众特别是工人群众进行实证主义教育，以便为精神重建奠定群众基础，为人们的精神解放创造有利条件。在他看来，上层阶级由于是既得利益者，往往力图永久维持其政治优势，因而可能敌视具有先进性的实证主义精神；反之，下层阶级更容易接受实证主义哲学的精髓，成为实证主义思想的精神上和社会上的坚定支持者。因此，孔德特别注重对下层的工人群众进行免费的普及教育。

（二）实证主义的社会学学说

社会学在孔德的实证哲学体系中占有显著的地位。他认为科学是一个统一的整体，缺了对社会现象进行科学研究的社会学，是不完整的科学。并且他认为，在统一的科学序列中，社会学位于最高层，是王冠上的宝珠，因为它研究的对象是最复杂、最特殊的。下面简述孔德的社会学学说。

1. 社会学的性质及方法

孔德将社会学看作一门实证的科学，以此区别于神学的和形而上学的关于社会和人的思辨哲学。一方面，他批判了神学观，因为神学割断了人与动物之间的连接，认为人是上帝或天意的创造物；另一方面，孔德批判了以前的哲学家，把他们看作创造社会乌托邦的形而上学家，谴责他们把社会理解为仅仅是人类理性的、个人理性意志的产物。孔德认为，社会学是一门探究人的理性及人的心理在社会生活中如何被塑造和完善的科学，社会学的研究对象是社会现象的基本规律。社会学从其诞生之日起就具有了自己独特而又丰富的理论内涵与实践内容。在孔德看来，社会学研究领域极为广泛，并且充满不确定性，它囊括了自然科学以外的所有科学研究，大致与我们今天所称的整个社会科学相似。

社会学是如何以科学的方式研究那些极其错综复杂的社会现象的呢？这就要求我们要对其进行科学研究方法的选择与应用问题的探讨。孔德认为有必要应用四种基本的科学方法，包括观察法、实验法、比较法和历史法，确保研究的准确性和可靠性。在孔德看来，这四种方法是相互联系并相互影响的，其中观察法是基础。前三种方法已成功应用于自然科学领域，而历史法则是社会科学所独有的。

（1）观察法

观察法是一切科学研究的基本方法，社会学也不例外。对社会现象的系统的、仔细的观察，是社会学成为科学的基本保证。观察是在一定的理论指导下进行，而不是无目的地搜集杂乱的事实。如果没有一定的理论作指导，观察者甚至不知道观察什么。孔德一再强调，只有在科学的理论指导下，才能获得有价值的观察结果。一个社会事实只有运用某种社会理论同其他社会事实联系起来才具有科学的意义，同时，一个合格的观察者应具备良好的科学素养，摆脱非科学的偏见、盲从等的影响。此外，孔德不仅指出了直接观察的重要性，而且还指出间接观察的重要性，如研究历史的和文化的遗迹、风尚、仪式，通过分析和比较各种语言，也能向社会学提供进行实证研究所需的经验资料。

（2）实验法

在社会学研究中，实验法被孔德视为第二重要的方法。孔德认为，社会事实本身就是一个复杂系统，因而必须通过一系列科学的、严格的实验才能获得真实面貌。孔德对实验法进行了分类，将其分为间接实验法和直接实验法。所谓间接实验法，指通过人与物之间的相互作用关系或过程，去认识事物本质及其规律性的一种科学方法；所谓直接实验法，是一种观察现象变化的方法，其广泛应用于自然科学领域，但在社会学领域中，由于多种因素的限制，其有效性受到一定的限制。间接实验法是指通过一定的程序或手段将从外界获得的某种信息再进行分析与解释的方法。社会学主要采用的研究方法是间接实验法，是在非人为条件下进行的研究。当社会现象的正常进程受到某种确定方式的干扰时，就为人们提供了观察、研究社会病态的良好机会。在他看来，社会病态犹如个人患病一样，通过对社会病态的考察，可以使人们更好地认清社会现象的规律。

（3）比较法

在社会学研究中，比较法被孔德视为第三重要的方法。他认为，比较法是一种综合分析的科学方法。通过比较人类社会和动物社会，可以揭示人类社会关系的产生渊源，从而更深入地理解人类与动物之间的差异。当然，如果从社会学角度来看，对人类内部做比较研究是其重点任务，即通过对居住在世界各地的各族人民的生活进行对比分析，以揭示社会存在和发展的共性规律。这种比较既可以揭示民族之间或国家之间经济、政治、文化等方面的差异，也有助于认识这些差异背后的原因及影响。此外，孔德还认为，尽管人类在进化过程中会表现出一致性，但不同地区的人在发展水平上呈现出极度不均衡的趋势，而西方文明没有留下关于某些发展阶段的明确资料。对此，只有通过对现有原始部落的比较研究，来间接地推论出西方文明过去的历史。而且，如果人们要研究人种或气候对人类事务的影响，比较法就更是不可缺少。孔德在高度评价比较法的同时，也指出了它的不足：比较法本质上是一种对事物的静态思考，它不能揭示社会状态的连续性、事物发展的先后过程，而只能把它们当作同时并存的现象加以表述，因此有可能使人们形成错误的进化观念。所以，在使用比较法研究社会现象时，要求人们具有明确的社会发展总体观念。

（4）历史法

孔德认为，历史法是社会学研究的第四种重要方法，并将其视为社会学研究的专门方法，它最适合对社会现象的考察。在孔德看来，社会学完全可以以自然科学为基础，运用自然科学普遍使用的观察、实验、比较等方法，但更重要的是运用历史法。因为社会学研究的主要现象涉及代际之间连绵不断的相互影响，如果缺乏历史分析这一必要的方法，这种现象就不容易看出来。

历史法是一种基于广泛观察社会事实的方法，它通过综合和归纳，揭示人类生活中各种事件在发展过程中的必然联系，推断出哪些因素对人类文明的发展产生了真正的影响，进而使人类的社会情感得以自然而然地表达。因此，历史法具有一定的客观性，同时又有鲜明的主观性。我们可以这样理解，历史法是一种从事物发展的先后顺序和连续性角度出发，考察社会现象和状态的方法，其核心在于关注事物的演变历程，这也是历史法的基本特征。孔德指出，历史法实质上是一种比较法。不同的是，历史法更注重对不同历史时期的比较。具体而言，比较法是对现有事物的横向和共时性比较，而历史法是对过去事物的纵向和历时性比较。历史法是研究历史问题的重要方法之一，它以时间为线索对历史事件作全面深入的分析。在使用历史法时，研究者必须遵循孔德有关人类智力和社会发展的三阶段理论，以确保人们具备历史进化的理论和思想；否则，历史法也同样不能有效地发挥作用。

2. 社会静力学

孔德从生物学分为解剖学和生理学两个领域得到启发，将社会学分为社会静力学和社会动力学两个分支，以此为基础进行研究。孔德认为，社会静力学研究的是社会系统内部的相互作用关系，而社会动力学则关注于社会系统的演变历程。社会静力学和社会动力学分别对应社会秩序和社会进步这两个概念。具体而言，社会静力学的目标在于从静态的视角对社会有机体进行剖析，以揭示社会的基本构成要素、社会生成的一般条件以及与之相应的一般规律，以协调各要素和条件，从而维系社会的存在。换言之，"社会静力学就是暂时不考虑社会系统的基本运动，去研究该系统的各个组成部分的作用和反作用"，是研究社会整体内各个成分之间的相互关系的平衡。

（1）个人

在孔德看来，个人是社会的基本构成要素，其特点往往对社会的特性起着举足轻重的作用。人性中既有有利于社会秩序的一面，又有不利于社会秩序的一面。人性主要由三部分组成：感情、才智和行动。人本质上就是行动着的、活跃着的生物。需要强调的是，人的行动不是由才智支配的，抽象的思想并不是行动的决定因素，感情才是人类的灵魂、行动的动力。人类行为的推动力总是来自感情，才智永远只是一个指挥手段或控制手段。简言之，人因为感情而行动，因为行动而思考。孔德进而将感情区分为利己主义和非利己主义两大类。总之，孔德认为，人首先是利己主义的，但又并不完全是利己主义的，利他并进而发展成无私和友爱的禀性事实上也是一开始就有的。在他看来，人类生活的主要问题是，需要用利他主义来支配利己主义。他相信，随着人类社会向实证社会的逐步迈进，人类将越来越为无私的精神所推动，而越来越不为利己主义的本能所驱使，那些影响人类活动的控制手段，也会在发现支配现实的实证规律的过程中，充分履行自己的职责。不过，从总体上看，孔德认为的行动者是自私、软弱的，与其说他们是社会现实的创造者，不如说是社会现实的产物。

（2）家庭

孔德指出，尽管个人对社会的存在有重要影响，但组成社会的真正单位是家庭而不是个人，家庭才是社会的细胞。由于家庭具有构成社会有机体的各种基本要素，所以家庭是社会有机体的胚胎，是个人与社会之间的不可或缺的中间项，是社会生活的永恒的基础，是其他一切人类组织的原型。正是在家庭里，基本的利己主义倾向受到约束而服务于社会利益。通过家庭，人才摆脱了单纯个人的人格，学会用另一种人格去生活，并逐步发展人的社会性，为人顺利地走向社会打下基础。家庭是建立在眷恋之情基础上的具有复杂社会关系（主要包括亲子关系、兄弟姐妹关系等）的情感群体，它从微观上为人们积累了在宏观社会中将要体会的经验，并影响到人性的发展方向。家庭体现了统治与服从、平等与合作的关系的统一，可以实现利己和非利己的禀性的和谐统一。倘若社会也能如此，那就达到理想的境界。

（3）社会整合

孔德强调，社会结构各部分间的平衡与和谐的关系，是社会正常运转的基本条件，一旦这种关系遭到破坏，社会系统的运转就会存在障碍，造成社会病态。社会革命和动荡就是社会病态的具体表现。孔德认为，社会这个有机体本质上是由作为"真正的元素"的家庭、作为"真正的组织"的阶级与阶层以及作为"真正的器官"的城市与乡村这三大部分所组成的。他进而指出，不同于生物有机体，社会有机体主要是靠精神因素或力量促使系统内各个部分之间相互联系，实现社会整合的。其中语言、宗教和劳动分工起着极其重要的作用。首先，语言具有横向联系和纵向联系的特点：社会中人与人之间的合作，正是借助语言这一中介来实现的；同时，通过语言这一载体可以把先辈的思想和文化继承下来，传给下一代。其次，宗教的作用主要体现在它向人们提供共同的信仰和一致的原则，形成约束利己主义和倡导非利己主义的重要机制。最后，劳动分工和由此引发的经济合作也是社会秩序赖以建立的基础。劳动分工越发达，人与人之间的相互依赖性就越高，就越有助于促进社会的团结。当然，过分的劳动分工也有消极的一面，它可能助长个人主义，促使社会分化为许多小集团，从而影响社会整体的团结。

总之，孔德可以说是对社会进行功能分析的最早的一位社会学家，他之所以非常重视语言、宗教和劳动分工等社会制度，主要不是因为对这些制度本身有什么特殊兴趣，而是因为这些制度具有维护社会秩序的广泛功能。

3. 社会动力学

孔德的社会动力学旨在探讨社会发展的规律，主要是运用他提出的人类智力发展的三阶段论来解释社会历史的进化过程。在他看来，社会组织的发展、社会秩序类型的发展、社会单位的发展以及人类生活的物质条件的发展，都是与人类智力的发展相互联系的，都是与人类智力发展的三大阶段相适应的。

（1）社会发展的三阶段

由于孔德将智力作为社会发展的主要动力和基础，因而对应于智力发展的三阶段，他将社会发展也划分为三大阶段或历史时期：远古时代的神学阶段，中世纪的形而上学阶段和18、19世纪之交开始逐步进入的实证阶段。孔德认为，科学的普及、实证主义理论的创立、科学的社会作用的增长，是社会逐步进入实证阶段的标志。在这最后一个时期，社会将由工业管理者和科学的道德指导者去统治，依靠新兴的工业秩序形成整个社会的团结。孔德相信，随着研究社会的科学——社会学的诞生，它会指导人们如何将现代工业社会建成一个具有和谐秩序的理想社会，该社会既保持了中世纪的优点，又克服了神学世界观的内在谬误。

（2）社会发展的曲折性

孔德承认，社会由一个阶段向另一个阶段的转变，并不是与传统彻底决裂，开始一个全新的阶段。任何历史时期都在一定程度上存在上述三种形式，只不过特定时期是由某种特定的形式占据优势。而且，一种新的社会秩序通常不会平稳地从旧秩序的消亡中诞生出来。事实上，人类历史是以"有组织的"时期和"危机的"时期相互交替为特征的。在有组织的时期，呈现社会稳定与文化和谐的局面，社会各个部分处于平衡状态；危机时期则相反，原来肯定的东西被推翻了，传统遭到了破坏，社会处于不平衡状态。这种危机时期（孔德认为自己便处于这样的时期）对于渴望秩序的人们来说是不安定的、混乱的，但它却是一种新的有组织状态出现的必要前奏，而且往往过渡性混乱持续得越久，更新也就越彻底。

孔德还指出，文明的进程就其本身而言并不是直线前进的，而是像动物的爬行那样，歪歪扭扭，是蜿蜒前进的。由于社会机体极其错综复杂，所以在许多方面它的弊病和危机的出现要比人的机体更为不可避免。但是，凭借对危机的基本性质的正确估计以及对危机的结局的合理预见，科学可以缓和危机，并能缩短危机持续的时间。简言之，人们可以通过科学发现社会发展的真正规律，从而明智地干预社会的运行。

需要指出的是，尽管孔德一再强调智力是他解释人类进步的主要依据，但他并没否定其他因素的重要性。例如，人口的增长就被他看成决定社会进化速度的重要因素，劳动分工也被他视为社会进化的强大推动力。

总而言之，孔德的社会静力学是一种有关社会秩序的理论，其重点是强调在社会里人类生存条件的协调、和谐；社会动力学则是有关社会进步的理论，所强调的是社会的基本发展和进步。秩序和进步是相互关联的，因此必须合在一起共同研究。静态与动态的区分仅为概念上的方便而已，或为方法论与启发式研究的需要，而不是指二者为两种完全不相关的研究方法。事实上，功能分析和进化分析绝非相互矛盾的，从效果上看，它们是互为补充的。在孔德看来，他所关心的秩序与进步的状况也与他的三阶段论有关，即与社会发展的阶段有关。在神学阶段，有秩序但无进步；在形而上学阶段有进步但无秩序；只有在实证阶段，才能保证既有进步又有秩序。

二、斯宾塞的社会学理论

赫伯特·斯宾塞也是一位对西方社会学的创立和传播产生过重要影响的哲学家和社会学家，英国社会学的奠基者，曾被誉为19世纪英国学术界的"思想泰斗""维多利亚英国的亚里士多德"。和孔德一样，斯宾塞主张对社会现象进行科学的实证研究，他最著名的社会学理论是社会有机论和社会进化论，并以社会达尔文主义闻名于世，在社会领域宣扬"适者生存"的原则。

（一）生平及理论倾向

1. 生平简介

斯宾塞于1820年4月27日出生，是家里9个孩子中的老大，也是其中唯一活过幼儿期的孩子。13岁时，他离家到做牧师的叔父那里继续求学，叔父向年轻的斯宾塞传授自然科学知识、激进主义的哲学原理和与英国国教相背离的新教思想。斯宾塞自感不适合接受大学的正规教育，因此没有像父亲那样进入剑桥大学深造，而是另谋发展。1837年他被录用为修筑伦敦至伯明翰铁路的工程师，但1841年铁路完工后他被解雇了。以后几年，斯宾塞试图挤进激进派报刊和激进派政治组织。他给激进派报刊写过不少文章，内容起先是关于工程方面的，但后来主要涉及社会和政治方面的问题。到了1848年，他担任了英国最有名望的金融经济周刊《经济学家》的编辑，有了一份收入较高的固定工作。在给该杂志供职的5年当中，斯宾塞结交了一批进步作家和著名科学家。1851年，斯宾塞的第一部学术著作《社会静力学》出版了，且获得了激进派人士的一致好评。1852年，斯宾塞发表了《进化的假说》，在达尔文的《物种起源》一书问世的7年前，他就在拉马克的进化原理的基础上提出了强调后天特性继承观念的进化理论。

1853年，斯宾塞辞去《经济学家》编辑部的工作，从此过上了一种没有正式工作、不受任何公共机构限制、独立学者生活。这个接受过德比新教节欲教规的严格训练的清教徒终身未娶，长期居住在伦敦的公寓里，过着非常简朴的生活。

1855年，斯宾塞的另一部学术著作《心理学原理》出版了，但社会反响不大。以后几十年间，尽管受到疾病的困扰，他仍坚定不移地构筑自己规模宏大的综合哲学体系。此外，他还和他的几个秘书与合作者共同撰写了几卷随笔以及多卷本的《描述性社会学》。

1903 年，斯宾塞在孤独与病痛中离开了人间，享年 83 岁。从 30 多岁起，他逐渐成为一个富有成果的作家。他发表了大量的著作，并引起了广泛的关注。在斯宾塞的一生中，他拒绝了大学、政府和科学机构授予他的荣誉。他没有正式职业，也没有任何学位，但在 19 世纪的最后 25 年，他享有的国际声誉和影响几乎可与达尔文媲美。

2. 主要理论倾向

纵观斯宾塞的一生，其研究主要集中在以下三个方面：反政府干涉的个人主义、自然主义进化论、实证主义统一观。其中，反政府干涉的个人主义，主张政府的调节和控制仅限于军事防御和保护个人权利，管得最少的政府才是最好的政府；自然进化论提出了关于成长和发展的一般假设；实证主义统一观则将进化论运用于无机、有机、生物、心理和社会等一切领域。在对斯宾塞影响较大的思想家中，他最推崇的是人口学的创始人马尔萨斯，其次是古典政治经济学的代表人物亚当·斯密。此外，法国博物学家拉马克、苏格兰哲学家汉密尔顿、逻辑学家穆勒、生物学家赫胥黎、生物进化论大家达尔文等，也对斯宾塞的思想产生了不容忽视的影响。值得一提的是，尽管斯宾塞曾公开否认孔德对他有重大影响，但他的学说无疑和孔德的学说有许多相似之处，他曾经阅读过孔德的著作，并且他后来也承认孔德给予他不少的启发。他的主要观点有以下两个：

（1）反政府干涉的个人主义

受到英国功利主义和古典政治经济学思想的熏陶，斯宾塞的主张是一种自由放任的激进个人主义。他认为最具普遍性的原则便是社会中的"每一个人都有权要求运用他各种机能的最充分的自由，只要与所有其他人的同样自由不发生矛盾"。国家的实际任务就是维护人们的同等自由，保护个人的生命安全和私有财产不受侵犯。而政府不过是在一定时间和场合下的政治组织的特殊形式，是进行国家管理的职能机构。在他看来，国家和政府的过分干预，会限制个人的活动自由，不利于资源的优化配置，会加重人们的经济负担，阻碍社会的发展。他还反对国家兴办教育、医疗、慈善等事业，也不赞成社会主义，认为它要么违反同等自由的原理（把物品分配给人们，不论他们有没有作出适当的努力去获得它们）；要么过于抽象而不再切实可行（不可能根据每个人帮助生产的程度按比例地分配产品）。对于政府官员以权谋私的行为，斯宾塞表示极大的担忧："既然承认人是自私的这一命题，我们就无法避免下面的推论：拥有权威的那些人，如果得到允许，就会为自私的目的而使用权威。"

（2）自然主义进化论

在达尔文1859年发表《物种起源》时，斯宾塞已经系统地阐述了他的进化论。他虽然承认达尔文的"自然选择"概念对进化过程的重大意义，但还是倾向于接受拉马克的获得性状遗传理论。他认为，宇宙间万物，从无机界到有机界，从自然领域到社会领域，无不受进化规律支配。而进化，就是物体的集结，集结时其运动消散，在这个过程中，物体由不确定的分散的同质状态进化到确定的、凝聚的异质状态。换言之，进化包含以下进程：一是从分散到集中，任何事物在发展的最初阶段，规模上都是小型的、分散的，随着事物发展，会出现聚集，使规模扩大；二是从集中到分化，随着从分散到集中过程，必然导致起初同质的事物内部结构的调整，形成功能分化；三是从不确定的、不定型的、无序的状态到确定的、定型的、有序的状态。

（二）社会有机论

社会有机论和社会进化论是贯穿斯宾塞社会学的两条主线，集中反映了他关于社会的基本理论观点。在这两个方面，他和孔德既有不少相似之处，又有许多不同的地方。

1.社会是个体的有机体

社会是一个有机体的思想虽然在孔德那儿就已存在，但斯宾塞则将它更加系统化了。他明确指出，社会可看作一个有机的整体，因为它和生物有机体有许多相似之处。这主要表现在生长过程、结构进化、功能分化等几个方面。

（1）生长过程

社会有机体和生物有机体一样，处在不断地生长和发展之中，规模和范围不断扩大。

（2）结构进化

随着社会发展，社会有机体和生物有机体的结构都由简单趋向复杂。如在现代工业社会中，就存在着比以往社会大得多和复杂得多的劳动分工。

（3）功能分化

无论是社会有机体还是生物有机体，结构的进化都伴随着功能的相应的分化。

如在一个原始的狩猎部落里，猎手和武士由同一部分人担任，彼此没有分别。而随着历史的发展，社会结构的进化和复杂化，社会各部分的功能也出现自然分化的现象。在定居的农业社会中，耕作者和武士的角色不再由同一部分人担任，逐步形成相互独立的两部分人。到了现代工业社会，组织分化和专业化的趋势更加明显，角色分工也更加繁复。大量的专业组织只承担某些特定与单一的功能。

2. 社会有机体的特殊性

虽然斯宾塞指出社会与生物有机体有许多相似之处，但他也清楚地认识到社会有机体不同于一般的生物有机体，存在不少自身的特殊性，因而可称为"超有机体"。社会有机体与生物有机体的差异主要体现在以下几个方面：

第一，生物有机体是一个具体的整体，它的各个部分结合紧密；而社会有机体则是一个松散的整体，组成它的个体或多或少是自由和分散的，彼此结合的程度不那么牢固。

第二，在生物有机体中，意识仅集中于机体的某一部位，其他部位缺少感应能力；而在社会有机体中，意识遍布于组成它的各个分子即每一个个人身上，所有个体都能体验到喜怒哀乐。

第三，在生物有机体中，组成机体的众多分子是为了整体而生存的，其意义体现为对整体的贡献；而在社会有机体中，社会整体是为了其成员的幸福而存在的，它是实现个人目标的手段与工具，社会成员并不是为了社会的幸福而生存的。

斯宾塞的社会有机论和孔德的社会有机论的不同甚至对立：孔德提倡集体主义，主张个人服从社会整体；斯宾塞则宣扬个人主义，强调社会服务于个人。从理论上讲，个人主义和社会有机论之间存在某些不一致的地方，斯宾塞则竭力将它们调和起来，并认为私人利益和公共利益是基本一致的。

（三）社会进化论与社会类型说

1. 社会进化论

（1）进化的基本方向

斯宾塞认为，进化作为一个普遍规律同样支配着社会，社会进化是一个持续的、不间断的过程，它贯穿于人类历史的始终，是永恒的现象。社会进化的方向是朝向更加美好和理想的境地。在他看来，社会进化是从同质性社会向异质性社会的变化，这种变化在人类整个文明和在每一个民族的文明的进步中都有表现，并以不断增长的速度在继续进行着。原始的社会有机体其规模是很小的，正像生物体起源于胚胎一样，人口的增加和群体的联系导致了社会规模的扩大，而集中与分化是同一过程的两个方面，量的增加必然导致结构和功能的复杂化。在原始的社会有机体中，它的各个部分和功能很少发生分化，相互间是相似的，在那里，同一局部结构可以执行几种不同的功能。随着社会进化，社会有机体的各个部分之间的差异日趋扩大，这些不同部分开始执行不同的功能。而且这些不同的部分的相互依赖程度不断增强。例如，在原始部落里，全体成员几乎都是战士、猎人、生产者和建设者。但在现代社会里，人们已被分配到不同的职业领域，不可能像原始社会那样，彼此可以互相替代工作，只能在相互依存的前提下从事高度专业化的工作。相互合作的加强，意味着进化的深入。此外，社会进化还体现在从不确定状态到确定状态的发展。比如，从原始的游居到定居社会；从没有领导的群体到领导及领导体系的形成。通常功能越分化，某种管理的、调节的机制的存在就越重要，因为这种机制能保证各部分结构作用的协调。

（2）进化的特性及影响因素

总的来说，斯宾塞断定社会进化是一个自动的、自发完成的过程，尽管这一过程可能受到各种因素的影响，但不应该用人为的方法去改造或改善它。他提出首要的要求是，"每一个人都应该如此活着，既不给他人增加负担，也不去伤害他人"。个人在社会进化的过程中也不是完全消极被动的，"公民必须同时既明白他的个人意愿就是社会演化的一个因素，又明白它还是各种以前的影响，包括社会影响的一个产物"。确切地说，社会进化既是一个遵守自然法则的过程，同时又是来自公民的自发努力的结果。在斯宾塞看来，虽然社会发展总体上是不可逆转的、不能返回到先前的阶段上去的，但社会进步却不是单线型的，对于某些具体社会来说，既会出现进步也会出现退步现象。他认为，进化具有普遍性，全体人类都不能例外。但遇到性质不同的社会环境时，进化过程会部分地受先前社会生活所决定，部分则受新环境的影响和制约，于是便呈现进化的发散现象。不断增加的群体，总是倾向于获得新的越来越大的社会差异，导致各种类型社会的产生。在这里，斯宾塞特别指出他与那些分阶段发展理论拥护者（如孔德）的不同。他认为，不应该把地球上未开化民族和文明民族所显示出的社会的不同形式看作是同一种形式的社会在进化中表现出的不同阶段；而实际上，它们像各种类型的个体有机体那样，是不同类型的社会，并不构成一个系列，它们只是一些平面进化的分散和再分散的群体。

在肯定社会进化是一个自然过程的前提下，斯宾塞也论及一些影响社会进化的因素。例如，气候、土壤、地势等自然因素决定了一个社会能从自然环境中获取的物品的数量和质量以及生态的相称性，从而影响到社会有机体中营养系统的性质和特征，甚至影响到人们的定居程度和集居规模的大小。另外，社会为适应环境和进化，会自动地形成一系列功能性机制，如工具、语言、知识和科学理论、风俗、法律、艺术等，这些机制是超有机性质的表现，它们是在进化过程中形成的。因此，各个社会所表现出来的物理特征、心理特征、智力和思维方式也是影响社会进化的因素。

2.社会类型说

斯宾塞从他的社会有机论和进化论出发，试图对社会进行分类。他按照社会进化的程度或社会结构由简单到复杂的变化趋势，将社会分为简单社会、复合社会、二次复合社会和三次复合社会。然而，他对社会更重要的、更具影响力的划分，是以社会内部管理形式作为标准，将社会划分为军事社会和工业社会两大类。这后一种划分的理论依据是，一个社会的社会结构类型取决于它同邻近社会的关系。无论这种关系是友好的还是敌对的，都会影响社会及其管理系统的内部结构。当一个社会同其他社会和平相处时，其内部管理系统比较脆弱散漫，当它与其他社会处于敌对状态时，内部控制就变成集中和强制性的。

（1）军事社会

军事社会一般属于进化程度相对较低的类型，其显著特征是强制性。军事结构的全部特征体现在它的各个组成单位的各种联合行动均为强制性的。同样，在所有私人和公共事务中，平民的意志也要受政府的支配。在这种类型的社会里，社会的主要功能是为保卫和扩张而进行共同的防御和进攻活动；社会协调原则是强制性的合作，依靠命令和严密的组织实施管理；国家的结构是中央集权制，个人为国家的利益而存在，对自由、财产和流动进行限制，私人组织受到排斥；社会分层表现为等级、职业和住地的固定不变，地位靠继承；经济活动类型为自给自足、少量贸易，实行贸易保护主义；受到重视的社会品质和个人品质则是爱国主义、勇敢、忠诚、服从、崇拜权威、遵守纪律等。

（2）工业社会

相比之下，工业社会属于进化程度较高的类型，其基础是自愿合作和个人的自我控制。工业社会的特征表现为像商业自由交易一样的个人自由，社会多种形式的活动所依赖的合作是自愿的合作，相对先进的控制系统在为自身获得分散而非集中的管理机构的同时，也通过从众多阶层取得有争议权力的手段来分散原始管理机构。在这种类型的社会里，社会的主要功能是社会成员彼此提供和平的个人服务；社会协调原则是自愿性的合作，依靠契约和正义实施管理；国家的结构是权力分散，国家为个人的利益而存在，对自由、财产和流动的限制较少，私人组织受到鼓励；社会分层表现为等级、职业和住地的可变性和开放性，地位靠争取；经济活动类型为非自给性的和平贸易，实行贸易自由；受到重视的社会品质和个人品质则是独立、尊重他人、反对强制、提倡个人的主动性、诚实、友善等。

第二节　形成时期的社会学理论

一、涂尔干的社会学理论

埃米尔·涂尔干是法国第一位学院式社会学家，现代社会学方法论的主要创立者，他同马克思和韦伯一起，并称为古典社会学的三大家，被视作现代社会学真正的奠基者。

（一）生平及理论倾向

1. 生平简介

涂尔干（又译作迪尔凯姆、杜尔克姆等）1858 年出生于法国东部边缘地区的埃皮纳尔，他的父亲及好几代先辈都是犹太教教士。如果不脱离传统的道路，他也将会成为一名犹太教教士。他 13 岁时接受了传统的犹太教受礼仪式。但这之后，他逐渐成为一名不可知论者，不参加任何宗教活动，虽一直保持对各种宗教现象的浓厚兴趣，但仅限于学术上而不是神学上。在两次考试失败的情况下，涂尔干第三次终于通过了严格的考试，于 1879 年如愿以偿地进入著名大学巴黎高等师范学校，该校享有法国知识精英之摇篮的美称。大学学习期间，在同一所大学就读的各年级同学中，有不少人日后成为赫赫有名的人物，如哲学家亨利·柏格森、布隆代尔、戈布洛、法国社会主义领袖让·饶勒斯、心理学家皮埃尔·雅内等等。他并不想将传统的哲学研究作为终生的职业，认为当时的哲学严重脱离了实际，并决心从事对社会的科学研究，他对社会学、心理学、教育学等社会科学有着浓厚的兴趣，大量涉猎孔德、斯宾塞等人的著作。

1893 年，涂尔干的博士论文《社会分工论》成功通过答辩，1895 年他发表了《社会学方法的准则》，1897 年又发表《自杀论》，这三部著作奠定了实证主义社会学的理论与方法论的基础，并使涂尔干跻身于学术界的最前列。1898 年涂尔干创办了重要的学术刊物《社会学年鉴》，围绕该刊物形成了一个才华横溢的年轻学者团体，这些具有不同知识背景的年轻学者在涂尔干的引导下，积极投身于社会学的研究，涂尔干和他们一起在《社会学年鉴》上发表了一系列重要的文章，一个凝聚力极强的"年鉴学派"闻名于世。1902 年，涂尔干被任命为巴黎大学教育学讲座代理教授，1912 年涂尔干发表了生前最重要的著作《宗教生活的基本形式》。第一次世界大战的爆发，使涂尔干失去了一批最优秀的学生，其中包括被他视为自己学术继承人的独生儿子。沉重的打击使他心力枯竭，最终他在 1917 年 11 月 15 日逝世。

2. 主要理论倾向

涂尔干思想的一个主要来源是法国启蒙主义传统，尤其是卢梭和孟德斯鸠的思想。如涂尔干对"社会团结"的强调得益于卢梭的"共同意志"的概念，他的社会整体观也受惠于孟德斯鸠关于所有社会现象和文化现象都是相互联系的观念。不过，对涂尔干影响最大的法国思想家当属圣西门和孔德，他曾多次公开声称自己是这两位思想巨匠的继承人。他的社会唯实观、社会整体观、实证主义科学观等明显带有孔德的痕迹。德国的康德、英国的斯宾塞等人的思想对涂尔干也有较大的影响。此外，涂尔干大学时的一批杰出的同学以及同时代其他一些思想家也对他产生了不容忽视的影响。总体上看，涂尔干从事社会学研究所关注的核心问题是如何恰当地理解和有效地解决 19 世纪西方发达国家在从传统的前工业社会向现代工业社会转型过程中所遭遇到的各种社会危机。他的主要理论倾向体现为以下两个方面：

（1）社会唯实论

社会思想界对社会唯实论和社会唯名论有着长期的纷争。依据社会唯实论的观点，社会被看作是客观存在的独立实体，即社会是先于个人而存在的，社会的存在决定了个体的性质；而依据社会唯名论的观点，个体的存在具有真实性特征，而社会的存在是不具备真实性和实在性的，对社会的研究要从理解个体动机、目的、意识与行为开始。涂尔干认为，社会唯实论所倡导的社会在某种程度上不依赖于个体而存在，并非说社会能够彻底地从个体中解放出来，也不等同于社会是超验存在物，而是说个体只是社会实体中的一个部分而非整体。

社会的实体性只意味着它具有与个人特征不同的特殊实在性。"社会并不是个人相加的简单总和，而是由个人的结合而形成的体系，而这个体系则是一种具有自身属性的独特的实在"。涂尔干通过批判斯宾塞的社会观，从而进一步廓清自己提出的社会观与其他社会实体观的差异。斯宾塞认为，社会就相当于自然人加上契约；涂尔干则认为，社会的存在是必要的，即社会是塑造个体的必要前提，社会还能为缔结理性契约提供条件。可见，涂尔干社会观的显著特点在于，它使社会具有了先于个体、超越个体、独立于个体并规定个体的特殊含义。

（2）社会整体观

在孟德斯鸠、圣西门，特别是孔德的观念影响下，涂尔干对社会整体观坚信不疑。社会整体观的哲学基础在于，整体并不等于或者超过了局部的总和。社会整体观所关注的并不在于社会的构成要素，而在于各个要素的相互关系与联结方式，以及这一结合方式下出现的新现象与新属性。这些新现象与新属性无法用个人特征来直接解释，其能够揭示社会的独立性和实体性特征。

社会整体观和社会唯实论之间具有密切的关系，欲贯彻社会唯实论必须坚持社会整体观。涂尔干着重指出，以整体而存在的社会，其成员关系既体现为物质性的结合，又体现为精神性的结合。涂尔干更是将社会秩序问题、社会团结与整合问题作为其学术研究的重点（即主要方向）。他认为社会凌驾于个体之上，是社会决定了个体。涂尔干秉持社会唯实论与社会整体观，其宗旨在于将个人与社会清晰地划清界限，主张两者分属不同层级，服从于不同性质的规律，需用不同学科各自加以考察。

在他看来，社会学所涉及的范畴是社会层次的，而非如心理学一般的个人层次；也就是说，社会学所关注的问题就是属于社会层次上的社会事实问题，不可能还原到个人的心理特质上。涂尔干一方面为社会学这门学科的独立与合法化奠定了较为坚实的基础，同时也对社会学主义的发展起到了不可忽视的推动作用。他主张的社会学主义认为社会事实才是有关社会研究的主要对象，只有用社会事实才能说明社会事实。可见，社会学的存在不一定要有其他学科的存在作为先决条件，社会学也可以给其他相关学科带来有益的启示。

（二）社会学方法论

涂尔干在社会学方法论上的贡献十分显著，他明确指出社会学所特有的研究范畴与对象，为研究社会学指明了方向，并着重指出研究中应坚持的一些基本原则与方法，从而促使社会学走上科学化、数量化发展之路。

1. 作为社会学研究对象的社会事实

按照涂尔干的解释，世界的各个层次可根据复杂性进行由低到高的排列，依次是物理的层次、化学的层次、生物的层次、心理的层次和社会的层次，各个层次均含有实在性的特征。社会学研究的领域是社会层次，而社会学研究的对象也是以社会层次特有的现象为主，即社会事实（或称社会现象）。涂尔干认为，任何一种对个人施以外在强制作用的、固定或不固定的行为方式，或者是在整个社会中普遍存在的、独立于个人的行为方式，就是社会事实。划分社会事实以社会成员的结合关系的性质为依据，包括物质性社会事实和非物质性社会事实。其中，物质性社会事实具体涵盖社会群体、社会组织、社会阶级与阶层、劳动分工、人口密度等；非物质性社会事实具体涵盖宗教、道德、习俗、时尚、公共情感等。在因果关系方面，物质性社会事实更具有优先性，但涂尔干仍将研究重点集中在非物质性社会事实领域，尤其是对道德、宗教、集体意识、集体表象和社会趋势的研究。

需要注意的是，社会事实属于社会层次，它不同于纯粹个体事实，因而不能将社会生活中所有的现象均理解为社会事实，因为其中包含了大量的个体事实。实际上，社会事实正是社会的独特属性或社会层次上的突出性质，这种属性或性质原则上只存在于社会整体之中。判断一种现象是不是社会事实，主要看这一现象的承担者属于哪个层次，只有以社会为基础和承担者的现象才算是社会事实。

2. 社会学方法论的基本原则

涂尔干和孔德、斯宾塞坚持同样的观点，即认为社会学是一门独立的科学，要想研究社会学，必须采用与自然科学相类似的方法。对此，涂尔干又进行了系统和详尽的阐述。

（1）把社会事实看作客观事物

针对社会学所采用的研究方法，必须坚持最基本的准则，即将社会现象视为一种客观存在。在与自然科学的情形作对比后，可以发现社会事实是独立于观察者而存在的特殊事物，其是科学观察和分析的研究对象，具有客观实在性。概而言之，社会事实的性质和规律、不同社会事实之间的相互关系和演变情况共同构成社会学的研究内容体系。涂尔干指出了以往社会研究存在的显著缺陷，即未将社会事实视为客观事物，并对其特性和规律进行重点探讨，反而是去探究人们对社会事实的态度和想法，这显然是本末倒置的表现。因此，涂尔干坚持主张将社会事实视为客观事物。

（2）区分两类事实

涂尔干指出，在社会学研究的观察阶段，应注意区分两类十分不同的事实，一类是正常的或规则的事实，另一类是反常的或不规则的事实。可以认为，作为全部研究的出发点的定义，必须同时把这两种现象包括进去。这个区分的重要性还体现在它和涂尔干的改良主义意图密切相关。他曾断言，社会学如果无助于社会的改造，那么它就毫无价值。正常事实和反常事实的区别，恰恰是观察事实和提出科学结论之间的一个中间环节。如果一个事实是正常的，我们就不应该剔除它，即使它在道德上与我们格格不入；相反，如果这个事实是反常的，我们就有科学的论据证明我们的改良计划是正确的。需要着重指出的是，区分社会事实时不应使用主观的标准，把喜欢的、合意的称为正常，把反感的、不合意的称为反常，而应该用可以识别的外部指标进行区分。简单地说，如同个人身体有健康和生病之分，应该是什么就表现为什么的事实，便是正常现象；而应该是什么却未表现为什么的，便是反常的。简言之，看一种事实是否正常，其首要标志和决定性的标志就是这种事实是否经常出现。

二、韦伯的社会学理论

马克斯·韦伯是著名的古典社会学三大家之一，被许多学者视为现代社会学最重要的奠基者之一，有资产阶级的卡尔·马克思的称号。他对社会学的影响是巨大而深远的，他在社会学众多领域都有卓越的贡献，包括社会学方法论、社会学基础理论、社会行动理论、政治社会学、经济社会学、法律社会学、组织社会学、宗教社会学、音乐社会学等。

（一）生平及理论倾向

1. 生平简介

1864 年 4 月 21 日，马克斯·韦伯诞生于德国图林根的爱尔福特市。韦伯从少年时代起就对历史和哲学产生了浓厚的兴趣。在 14 岁生日之前，他所写的两篇历史论文便充分展现了他对这些领域的热情和才华。1882 年他被海德堡大学录取，在大学期间他主要专注于法学，同时也涉猎了经济学、历史学、哲学和神学等方面的知识。韦伯于 1889 年完成了博士学业，随后在 1891 年以论文《罗马农业史》通过了教师资格的论文答辩。次年，他开始在柏林大学担任讲师，同时还兼任正式律师。在此期间，他努力地工作，著作相当丰富。韦伯的著述数量众多，内容涉及广泛。一些重要的著作涵盖了社会学主题，其中包括《新教伦理与资本主义道德》《社会学与社会政策文集》《经济与社会》等。

2. 主要理论倾向

韦伯阅读广泛，学识渊博。他批判地吸收了众多思想流派和思想家的思想精华，他的世界观是由自然主义、自由主义和主观主义三者相互矛盾复杂地交织成的综合体，他的社会学方法论也明显受到英法实证主义、德国浪漫主义和德国古典哲学这三种思想体系的影响。总体来说，德国的学术传统对他有更加直接的影响，这包括：德国的唯心主义的遗产尤其是新康德主义，德国的历史主义和社会学，以及尼采和马克思的思想。韦伯的主要理论倾向体现在以下三点：

（1）唯名论

韦伯社会学研究的一个主要旨趣是解释现代资本主义社会为什么会在西方诞生。和涂尔干一样，他对现代社会的转型非常关注，但不同于涂尔干的社会唯实论，韦伯认为社会真实存在的是具体行动的个人，正是各种行动者的行动组合才构成了社会和各类社会组织。即韦伯持有的是社会唯名论的观点，并强调方法论的个人主义的原则。

（2）调和论

以孔德、斯宾塞、涂尔干为代表的实证主义社会学，认为自然现象和社会现象并无本质的区别，因而可以运用类似自然科学的方法来研究人类社会，社会学的主要任务就是揭示社会现象的必然规律，从而对社会现象作出因果式的解释和说明。这一思潮在德国遭到来自历史主义和新康德主义的抵制和批评，后者认为，社会现象和自然现象存在本质的差异，因而社会研究应使用不同于自然科学的独特的方法。韦伯一方面反对实证主义的极端观点，另一方面他也不赞同将社会科学和自然科学完全地对立起来。他认为研究社会现象，既要理解行动者的主观动机，又要对行动的过程和结果作出符合逻辑的因果解释。

（3）合理化研究

韦伯认为，现代资本主义的发展本质上是一种理性化过程。理性指的是行动者在行动过程中所赋予的明确、理智而又系统一贯的主观意向，即行动者的行动建立在对行动结果精明的算计、审慎的权衡和有效的控制的基础之上。现代资本主义的一个显著特征就是理性行动贯穿于社会的经济、政治和文化等各个领域。在韦伯看来，马克思从经济的角度对资本主义的诞生作出了杰出的解释，但经济并不是推动资本主义唯一重要的因素，宗教伦理观念为创造资本主义新生活的人们提供了不可或缺的行动动力。在这一点上，韦伯和涂尔干表现出相同的旨趣，他们都非常注重对社会的道德价值观念的研究。

（二）社会学方法论

1. 对实证主义批判的背景

19世纪50年代，德国历史学家德罗伊森认为，历史学应深刻探究历史事件内部或背后的"意义"与"本质"，以应用理解范畴而不是自然科学的说明方法，尝试从较早出现的事件中推断较晚发生的事件。在这之后，德国哲学家狄尔泰通过继承和发扬施莱尔马赫的解释学观点，指出自然科学和社会科学的本质区别，认为理解是研究社会科学的根本方法，这对社会学方法论产生了较为深远的影响。

从本质上说，社会学是关于自我认识和自我理解的学问，它回答的是有关生活意义的问题。从这一点来看，自然科学的因果关系的解释说明方法，其实并不适合作为研究社会科学的方法。由此，理解艺术的运用，成为研究社会科学最为独特的方法论基础。

德国学术界习惯将科学分为自然科学和精神科学两大类。精神科学（或文化科学或人类科学）与自然科学是存在性质区别的。李凯尔特，作为新康德主义的主要代表人物，认为科学主要包含自然科学和文化科学两大类。在他看来，无论是自然科学还是文化科学，都存在"质料"（即研究对象）和"形式"（即方法）的根本对立。

首先是"质料"上的根本对立。自然科学的对象是"自生自长"的，研究过程中对于是否必须遵循价值的观点没有提出要求；但是，由于文化产物是存在价值的，因而研究过程中必须遵循价值的观点。其次是"形式"上的根本对立。自然科学研究的兴趣点，是以探寻"无价值"事物和现象的有效普遍联系和规律为主的，研究时必须借助"普遍化的方法"；文化科学是从对象的特殊性和个别性来叙述对象的一次性发展，研究时必须借助个别化的"历史方法"。

韦伯认为，自然科学的方法是不能被机械地运用于社会研究领域的，而是将说明和理解、自然科学和社会科学完全对立的做法，同样存在不合理性。因此，韦伯指出，相较于自然科学，社会科学有其独特的性质，这就有必要运用理解的方法来把握行动者的主观动机，并对行动者的行动过程和结果作出可供检验的因果解释。

2. 理解社会学

正是在批判地吸收了德国历史主义和新康德主义的主要观点的基础上，韦伯提出了他的理解社会学的著名主张。他认为，社会学是一门致力于解释性地理解社会行动并通过理解对社会行动的过程和影响作出因果说明的科学，即解释性理解和因果说明是社会学的两大任务，其中前者是基础。

（1）理解的含义

根据韦伯的观点，社会学的研究范围涉及人们的社会行为，这些行为是带有主观意向和动机的，与自然科学有着显著的区别。因此，社会学的研究目标在于理解人们的社会行为，即深入掌握行动者所赋予行为的意义。理解有两种类型。

①直观理解：通过亲身体验或直接观察事物的方式来理解其含义，如通过观察一个人的脸部表情，我们可以推断出他正在生气。

②解释性理解：根据动机把握行动者的行动意义。这是一种对行动者的动机的理性理解，也是更进一步的理解。直观理解只能让我们明白社会行动的表面意义和行为动作，而解释性理解则更深入地揭示了社会行动背后的动机和原因。我们可以用直觉来感知一个人的愤怒情绪，但要理解他为何愤怒，需要进行解释性理解。

（2）因果说明

与德国历史主义和新康德主义不同，韦伯的理解社会学并没有停留在理解行动的主观意义之上，也没有拒斥因果分析在社会科学中的运用，而是将对社会行动的理解看作社会学的首要任务，主张在此基础上说明人们的信念和价值观是如何决定其行动的，即社会学在用解释性理解洞悉了社会现象之后，就有必要再从因果关系上说明这些现象，并从经验上加以验证。

3. 价值中立观

韦伯认为社会学和自然科学一样属于经验科学的范畴，因而必须坚持价值中立的原则。有感于当时的社会，科学界不少学者在研究中用基于伦理道德的价值判断代替严肃的逻辑分析，韦伯在经验科学和价值判断之间划分了界限。他指出，知识有两种类型：一种是"即存知识"，即关于实然的知识，回答"是什么"的问题，属于事实判断；另一种是规范的知识，即关于应然的知识，回答"该怎么做"的问题，属于价值判断。

人们并不能从事实判断逻辑地推出价值判断。因此，社会学作为一门经验科学，应致力于事实判断，并尽力排除价值判断。当然，社会学研究难免会涉及有关价值方面的内容，研究者也不可能完全排除自己的价值观。对此韦伯强调，研究者的价值观可以影响研究的选题和目的，但研究者在研究过程中和作出结论时不应掺入自己的价值观，而应该遵循客观公正的程序，坚持逻辑分析的原则。也就是说，社会研究中的"价值关联性"不能损害"价值中立性"。

4. 理想类型

尽管社会科学研究中所使用的工具和方法是多种多样的，但是在韦伯看来，理想类型是必不可少的分析工具。理想类型是研究者选择和强调对象的某些重要的典型特性，舍弃或忽略另一些次要的非典型特征而组合、构建的概念形式，它的建立必须有逻辑的一致性，不能违反经验的因果关系。需要强调的是，理想类型是在现实的基础上所作的理论抽象，是研究者的一种主观建构，它不等于现实本身，现实中也找不到完全一样的对应物。但理想类型对于研究复杂的社会现象来说，具有重要的价值。它使社会学的概念清晰明确，有利于揭示各种社会现象之间的逻辑关系；它可以凸显某些社会事物的最重要、最纯粹的特征，通过比较实际情况和理想类型的差异，达到对现象深入认识的目的；它使社会学研究可以超越个别的、特殊的现象，上升到一般和普遍的高度，并使相关现象之间的比较有了参照标准进而使比较分析成为可能。理想类型可看作韦伯为克服德国人文主义和历史学派过度个体化和特殊化倾向而提出的一种概念工具，它使社会学可能成为具有一定普遍性的经验科学，也是韦伯从历史研究过渡到社会学研究所迈出的关键一步。确实，理想类型广泛地运用于韦伯的一系列重要的社会学研究之中，并发挥着非常重要的作用。

第三节　现代社会学的冲突与困境

一、现代社会学的困惑

韦伯晚年曾陷入关于科层制的困惑之中。作为社会管理模式的理论，科层制是韦伯对工具理性在资本主义现代化过程中作用的肯定，特别是对按照工具理性原则建构起来的企业和社会组织的管理模式的概括。韦伯不仅对科层制管理模式十分欣赏，认为它是现代社会理性化的标志之一，只有坚持科层制管理方式，企业与社会组织才能高效而规范地运行。此外，韦伯对自己概括的科层制理论很满意，认为它客观地概括出工业化过程出现过的高效的管理模式，可以指导现代社会进一步理性化。然而，晚年的韦伯深深地感到，虽然科层制能够规范、严格、高效地管理企业与社会，但是这种管理模式实施的结果，不仅促进了社会理性化进程，而且使现代人陷入了被严厉制约、丧失自由的境地。他认识到科层制对想实现现代化的所有民族来说，都是一个进退维谷的两难选择。只有按照科层制来管理社会才能高效化、理性化，现代化的目标才有可能达到，社会的落后与贫穷状态才能改变；然而一旦执行了科层制管理，社会生活获得了高效性和规范性，现代人就受到了严格的、非人化的控制，高效性和规范性的意义也就随之湮没。因此，韦伯把科层制看作现代人不得不进去的"铁凶笼"。

韦伯关于科层制的困惑，不仅在于科层制在资本主义现代化进程中的必要性及其负面效应之间的矛盾，而且还在于他的社会学理论承诺同科层制的负面效应，即他的社会学理论负面作用的矛盾。韦伯以人的社会行动和行动的主观意向作为社会学研究的出发点，其中表达了韦伯关心人、从真实活动着的人出发的基本愿望。韦伯在关于行动类型、权威类型和资本主义现代化的研究中，一贯注意研究人的意愿、目的和理性根据，尽管研究这些问题的目的是形成客观性科学知识，但是也明确地表现了从人出发、理解人、推进现代人的现代化进程的理论承诺。然而，在这种理论承诺支配下开展的社会理性化研究，特别是他概括出来的科层制理论，却起到了压制人的活动、扭曲人的本性的作用。晚年的韦伯发现，科层制理论不仅是对西方官僚制度的理论概括，而且起到了引导西方官僚制度向更加分级化、非人化的方向发展的作用。这种作用与韦伯从人出发、以理解人的主观意向为切入点的社会学研究的初衷是不一致的。

孔德也遇到了类似韦伯的困惑。孔德是一个严格的客观实证主义者，他用很多笔墨批评形而上学从价值理想出发、用玄秘语言来解释世界，认为这是中世纪神学化在近现代社会的翻版，是用抽象逻辑代替了神学崇拜，实质也是远离社会，把人类引向不实的虚空的理论神话。因此，孔德一再呼吁要用排斥情感、排斥价值判断的物理学方法来研究社会现象。"只问是什么，不问应当是什么"，这是孔德实证原则的最简明表达。人们都说晚年的孔德坚决而彻底地反对了中青年的孔德，孔德自己也常常因为这种变化而困惑。

韦伯的困惑源于对自己理论的作用的质疑，孔德则是对自己理论原则变化的困惑。虽然这两种困惑在内容上不同，更深入地看，引起这两种理论困惑的原因也是相同的，即理论承诺与理论原则的矛盾。理论承诺是指一个学科或一种学说的理论目标或理论追求，它表现为理论给自己规定的研究对象、研究程度、为社会或人生创造的价值与意义等。这种理论承诺存在于任何门类的学科中，所不同之处在于，有的学科是直接明确地指出本学科的理论承诺，有的学科则隐含在内容中。不管是自然科学还是人文社会科学，都需要拥有独特的理论承诺来确立学科的任务和地位，否则这个学科就无法发挥出其应有的意义和存在的价值。在任何学科或学说中，为了实现自身的理论承诺，都会确定一套方法原则、思维规则、表达方式和操作程序，这被称为理论原则。从这段话可以看出，为了实现理论的目标，必须采用与理论一致的方法和手段，因此理论原则是实现理论承诺的手段之一。在新兴学科的创始阶段，二者保持一致性显得尤为重要。

社会学的创始人和奠基者在社会学的理论承诺和理论原则上遇到了难以化解的矛盾。这种矛盾在孔德那里表现得尤为突出和明显。作为社会学这门新学科的奠基者,孔德曾雄心勃勃地宣称:社会学是以实证为基础、从全局视角探究社会现象的科学。孔德的主张涵盖了社会学最基本的理论承诺和理论原则,这些都是社会学研究中不可或缺的基石。首先,社会是从实践经验出发的学科,不能脱离现实事实而进行抽象的逻辑推理,这使其与形而上学有所不同。其次,社会学应当将社会视为一个不可分割的整体,对其进行全面综合的研究,将社会生活的方方面面都纳入其理论视野。此外,社会学研究需要揭示出社会组成因素的结构联系和变迁趋向,与其他专注于社会个别方面或个别关系的社会科学相区别。最后,在社会学中,需要采用客观的观察、实验和思考方法,以揭示社会生活中的必然规律,这种方法与实验科学相似。

以经验为基础,对社会进行整体性研究,这一理论承诺与将社会学转化为科学的理论原则的客观方法之间存在着一种难以调和的矛盾。尽管未明确提出对社会生活进行整体研究,但从经验事实出发的主张决定了社会学必须将社会生活的主要方面纳入其理论视野之中。因为不论理论多么先进都只是某一个角度对事物的描述,必然具有片面性,只有将经验事实纳入研究范畴,才能体现社会研究的科学性和完整性。在实践中,我们难以观察到单纯的经济、政治或文化现象,并且我们无法清楚地分辨传统哲学和实证科学所描述的,被视为客观的事实和个体的主观意识之间的分离状态。经验是一个完整的整体,它综合了所有方面的社会生活和主观意识与客观事实的关系。在研究社会学时,我们必须从经验事实出发,并将其作为我们的研究对象。由此可见,社会学不仅在社会生活的某个特定方面或主观意识与客观事实的某个方面作出选择,还必须综合地考虑所有方面的内容。然而,尽管孔德建立了客观的科学知识的理论原则,但他选择(或者说"切割出")的是经验中的客观方面,这在某种程度上存在自相矛盾的问题。

关于对整个社会进行研究的理论与社会学理论原则之间存在着矛盾,这一点更为明显。当人们将一个事物视作一个整体时,需要从该事物的历史进程中来理解它,不仅要关注它的整体形象、全局和所有因素,还要关注它的历史演变过程。任何一个存在着的事物都是一个具体的整体,并且都具有其特定的历史展开方式,在社会生活中也是如此。当我们观察一个社区或民族时,我们不仅应该分析其中的某个事件或方面,也应该看到这是一种随着历史条件不断变化而存在的形式。这是一个不断发展并可塑性强的过程,从过去走向未来。一个拥有历史形式和历史过程的整体，不可能被孤立地、片面地或分析式地理解，它也不可能只具备客观性而缺乏主观性。因此，如果想把社会学建立成一门具有客观性的科学，就必须进行对社会生活整体性的研究，不能忽视这一点。

经验性、整体性的研究对象和研究任务同客观性分析、亦即同主客二元论的思维原则的矛盾，这种理论承诺与理论原则的矛盾在其他社会学家那里也有所表现，甚至更尖锐、更复杂。斯宾塞也明确强调社会学研究的经验性和整体性，并且同时把客观性原则推向了极端。斯宾塞认为，他和孔德一样都从整体上来研究社会生活，都反对脱离经验事实的哲学推论，但是，孔德是不彻底的，因为孔德并没有真正坚持经验研究的客观性，是仅仅"对人的概念的进步作出完整的回答"。所以，孔德不仅没有把握到经验性、整体性的社会，而且也未建立真正的客观知识。斯宾塞认为，只有他才真正地从经验事实出发，在社会生活的有机联系中，建立了真正的客观性知识。他不是研究概念的进步，而是研究社会有机体的系统功能。像生物体一样的社会有机体，确实比孔德的知识类型具有实在性和客观性，但是当斯宾塞强调有机体的系统功能和整体联系时，社会有机体就不能仅仅被看作客观性，而且也应当看到它的主观性。斯宾塞将产业资本家视为社会的精神系统，这已经表明他难以否定社会生活的主观意识因素。然而，他严格的客观性原则不允许他对主观性作出让步，因此，主观性因素在他的理论中客观化了。

孔德和斯宾塞从经验事实出发，以物理学和生物学的方法对社会开展整体性研究，这种理论承诺和理论原则在迪尔凯姆那里有更严格的表现形式，这点无须多论。韦伯在许多方面反对迪尔凯姆，但是在社会学的理论承诺和理论原则方面他们却大同小异。正是因为坚持从经验事实出发，在韦伯和迪尔凯姆的著作中能看到大量的关于群体、组织、社会分层、风俗时尚、宗教伦理等各种经验现象的研究；也正是因为对社会学研究作出了整体性的承诺，在他们的著作中涉及社会生活的所有方面，经济、政治、文化、教育、宗教等社会层面无不在其理论视野之中；并且，又正是因为他们都用客观性的理论原则去试图建立科学，所以他们都在自己展开的经验性、整体性的理论视野中自相矛盾，常常陷入难以解脱的困惑之中。

在长达一个半世纪的社会学发展历程中，对于社会学创始人和奠基人所展现出的理论承诺和理论原则之间的矛盾，始终未得到完全解决，这一矛盾至今仍是大多数从事社会学研究的人们所面临的难题。在社会学领域中，我们不难发现，理论承诺和理论原则之间的矛盾是一种极其复杂的现象，需要我们深入思考才能得出结论。尽管这些问题并不是社会学研究者所面临的唯一难题，但却常常引起社会学学者们的困惑和焦虑。迄今为止，社会学领域研究对象的范围仍未明确，社会学家也尚未找到一种方法来确保所选研究对象符合他们的理论承诺。对社会学研究对象问题思考最多、最深入的是迪尔凯姆，他把社会学的研究对象界定为外在的具有强制性和普遍性的事实，应当说他关于社会学研究对象的论述是十分严谨的，并且，他针对社会学研究对象而设计的力求客观性的研究方法，就其直接性而言，是适合他对研究对象所做的那些规定的。然而，当考虑到社会学从经验事实出发，从整体上把握社会现象的理论承诺之后，人们就会发现迪尔凯姆的观点是经不起推敲的。

如果真从经验事实出发，人们找不到像迪尔凯姆说的那种社会事实，社会现象一旦作为被观察、思考的对象，就已经进入心理之中；如果真从整体上研究社会，那么就不能仅仅研究具有外在性的社会事实，因为从整体上看到的社会，不仅是具有外在性的客观过程，而且还是具有内在性的主观过程。韦伯试图用从价值相关性研究进入价值中立性研究的方法来克服迪尔凯姆排斥主观性研究的缺陷，但是因为韦伯奉行的主要原则是价值中立原则，所以当他把社会行动中的主观因素理想型化之后，就放弃了对主观性因素的进一步研究，社会成员作为被研究对象，他们之间的情感交流、意识沟通，研究者与被研究对象之间的交往互动关系，都在韦伯的视野之外。因此，尽管韦伯不同意并试图克服迪尔凯姆社会学研究中忽视主观性的局限，但是因为追求客观性主导原则，他未能坚持对主观性因素开展进一步研究。

一、超越困境的可能性

20世纪是人类社会发生空前深刻变化的历史时期，面对社会的复杂变化，社会学在艰苦探索中发展了自身。迄今为止，能够在大学里作为一个专业开设的人文社会科学，几乎没有哪一个获得了社会学这么快的发展速度。然而，无论社会学发展有多快，不解决理论承诺与理论原则的矛盾，它就要不断产生困惑、陷入困境。因此，当社会学同人类一起走入新世纪之际，社会学应当深刻地反省自身存在的理论矛盾，以便寻找出超越困境的可能途径。

社会学的理论承诺和理论原则不是社会学的先驱们任意杜撰出来的，正像黑格尔所言，"凡是现实的都是合理的"，社会学的理论承诺和理论原则也一定有其发生的原因和存在的根据，只有将这些根据分析清楚，才能有针对性地探寻解决矛盾的途径。

社会学的基本承诺是以经验事实为基础，构建一个不脱离实际经验的学科。这一承诺不仅极其基础且简单，也是与形而上学截然不同的理论立场。社会学是在反对抽象理论的呼声中成立的，然而，正是这种对抗和排斥的关系让社会学有了自己在传统抽象理论中定位的能力。孔德认为，社会学依托于真实的经验事实，试图纯理性化地阐述社会现象，并在这一过程中不断发展演变。这种纯理性化的方法源于黑格尔辩证哲学的最抽象形式，将人类社会的所有历史和活动转化为哲学概念，并借助远离现实生活的逻辑推演来展示其运动过程。物极必反，这是一个不仅在感性经验中反复实现的规律，也是在思想文化中不可扭转的趋势。如果革命是对立、冲突的转化，那么可以证明孔德自称实现了精神领域革命的根据，也就是他以立足经验事实的承诺来对抗黑格尔哲学的逻辑玄思。只有这一点才表明孔德创立的社会学确实同传统形而上学有鲜明区别，并且也只有这一点是社会学获得自立、自存的根据。

如果我们认可社会学的经验性承诺建立在严密的逻辑思维的基础上，具有思维逻辑的必然性，那么整体性承诺就因经验性承诺而获得了现实的必然性。这是因为经验必然具有综合性和整体性的双重属性，这是实用主义充分论证后毋庸置疑的事实。当社会学以经验事实为基础，探究现象之间的必然联系时，它所涵盖的实际情境是具体而丰富的。社会生活中的各个方面都是不可分离的，抽象的概念和逻辑分析则难以覆盖这种多元性。实用主义者根据经验整体论，对哲学家将世界分为物质与意识、自然与精神两大类别这一观点进行了批判，提出了事实、效用、价值与选择多元综合的真理观。尽管马克思没有直接探讨经验的整体性，但他根据实践的综合性提出了社会生活是经济、政治和文化的统一，这是主观和客观相互作用的动态过程。这一观点实际上也证明了实证经验的整体性。此外，马克思的社会有机体观点也是对社会生活整体性的理论概括。因而，经验与整体是密不可分的内在联系，不能被外界随意分割开来。换句话说，经验即是整体，整体也必定存在于经验之中。由于社会学强调经验主义的观点，因此社会学研究的对象或任务必须具有整体性承诺。

整体性承诺不仅建立在经验性承诺的基础上，还融入了社会学思维的逻辑性。当社会学刚刚创建时，人文社会科学正深受自然科学影响而进行一系列差异化的发展，这不仅导致了新学科的涌现和各种相对独立的研究领域的展开，而且也在某些传统学科内部逐渐分化，形成了多个专注于不同层面的学术派别。社会学先驱们为了创造一个独一无二的新学科，在遇到社会生活分析方法和学术视野多元化的趋势时，采用了不同寻常的方法，即反其道而行之。他们通过整体化的理论视角来审视实际上原本就是整体的社会过程，从分析转向综合，从而开创了社会学的先河。孔德认为，这种选择不仅可以弥合其他学科对社会现象研究的分散状态，还可以为社会学提供一种总括所有人文社会科学的视角，从而替代传统哲学成为其他学科的领航学科。

如果社会学的经验性承诺和整体性承诺有思维逻辑和现实基础的两种必然性，那么这两个承诺是必不可少的。事实上，同其他学科一样，社会学的产生和发展也并非一帆风顺的，自问世以来，它面临着复杂多变的社会形势，受社会历史巨变和内部理论冲突等多种因素的影响，涌现出许多不同的派别和相互抵触的观点。尽管如此，社会学始终坚持着经验和整体两个基本承诺，从未改变。不管是从历史学还是从逻辑上来分析，社会学都有着区别于其他学科的显著特点，主要表现在必须遵循经验性和整体性承诺两个基本规定性，这两个基本规定性可以帮助社会学家更好地理解社会现象。社会学在确立这两个基础性原则的前提下，发展了一套独特的概念框架，用于理解社会的结构和过程，与其他学科有所区别。到目前为止，经验和整体这两个基本要素，以及它们与概念框架直接相关的联系，已成为区分一个学说是否属于社会学学科的准则。

如果经验性与整体性两个理论承诺是不可放弃的，那么这是否意味着与之相矛盾的、追求客观性的二元论理论原则，从一开始就是一个错误的选择呢？虽然二元论理论原则是社会理论家分析社会现象时应用较为广泛的原则之一，但是对于这个原则的研究深度和广度不如经验性承诺和整体性承诺那样全面、深入。社会学与物理、数学等学科有着本质区别，这就导致社会学在创建之初，除了要满足经验性和整体性两个承诺之外，不必完全效仿物理学追求客观性的原则，而应从社会学的特殊性出发，针对特殊的社会现象，提出一些区别于物理学的原则。然而，孔德和迪尔凯姆等人深受物理学的影响，在探究社会现象，主张社会学理论时坚持追求客观性的理论原则，也是建立在现实社会发展和理论演化的逻辑根据之上的。

孔德强调他的实证理论是建立在工业社会的基础之上的，这表明他使用的理论原则旨在追求客观性，而这种原则强调了主客二元对立。这种追求客观性的理论原则可被视为人类在工业生产过程中征服自然、掌控自然的实践原则的理论表述。

社会理论家之所以在主客二元对立的关系中追求社会生活的客观规定性，是有一定逻辑理论支撑的，这主要体现在以下两方面：首先，社会学在创立初期将社会生活视作一种外在客观现象进行研究，这种研究方式可以通过皮亚杰的认知发展理论得到支持：当人们开始探究某个事物时，他们首先会关注事物本身的属性和特征，即客观性认识。在对事物有一定程度的理解后，人们才会开始思考自我与事物之间的联系，并进一步加深对这种联系的认识。在社会学初创时期，我们可以看到一种非常严格的客观性原则，这似乎类似于皮亚杰论述中对认知发展初期的描述。其次，社会学初创时期，理论探究尚处于起步阶段，由此导致在主客二元对立中追求客观性的理论原则。

尽管孔德等人明确地要将社会学建成一个在精神史上具有革命意义的新学科，但是这不是轻易就能实现的愿望。从概念思辨和逻辑推论转向经验事实的考察，这是研究层面或研究程序的转变，同理论原则的转变相比，前者显得简单多了。理论原则的转变实质是思维方式的转变，当社会学的先驱们将目光转向经验现实后，他们面对的是剧烈变化的社会结构、层出不穷的新现象，这些现象让他们眼花缭乱，使得他们没有太多的时间深入思考涉及社会学本质的理论问题，更无法从日新月异的社会现象出发建构新的理论原则或新的思维方式。没有别的办法，只好按照延续千年的主客二元论思维方式确立社会学的理论原则，只是披上了科学的外衣，换上了科学的词句。

基于以上讨论，我们可以得出一个初步的结论：经验性和整体性的理论承诺是社会学不可或缺的，如果社会学放弃这些特殊的规定性，就可能被其他学科所取代。目前主客二元对立中追求客观性的理论原则存在着问题，应该持开放态度进行修正。虽然这个原则有其社会现实和逻辑基础，但与社会学的两个基本承诺存在冲突，并且是社会学理论发展不充分的结果。如何在保持经验和整体的理论承诺的前提下，重新审视社会学的理论原则呢？我们需要认真面对孔德所提出的精神革命，因为其理论原则的变革意味着思维方式的变化，而这种变化将促成人类精神领域中最深刻的革命。

孔德自以为实现了精神革命，但是他建构的实证社会学理论原则同他坚决反对的形而上学思维方式，在展开结构、运思环节和理论追求等基本方面是一致的，因此，他仅仅是呼喊了革命的口号，并未实现人类精神史上的革命。孔德的理论原则同传统形而上学思维方式的关系，如图 2-3-1 和图 2-3-2 所示。

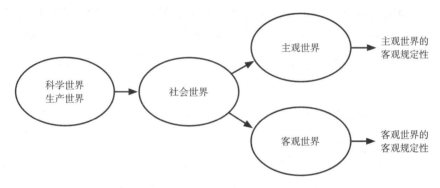

图 2-3-1 实证社会学的理论原则

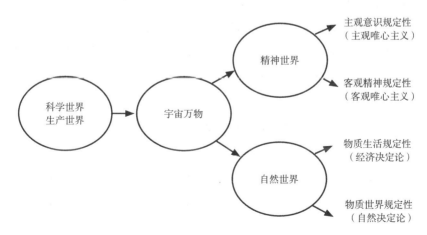

图 2-3-2 传统形而上学思维方式

当然，这两个图不可能概括实证社会学和 19 世纪上半叶形而上学的全貌，它们仅仅能显示其中最基本的原则。这两个图的语言表述是：其一，孔德创立的实证社会学与他所反对的 19 世纪的形而上学传统相似，是从生产世界和科学世界出发的，这两个世界展开的基本矛盾关系就是人与自然、主观与客观的关系。因此，当社会理论家从这个视角出发去观察社会和研究社会时，必然采用主观与客观思维的二元论思维方式，原本统一的社会世界也被视作二元对立的世界，即主观世界和客观世界。在社会理论家看来，主观世界是生活在这个世界上的人熟知的原则和方式，是经过实践检验不必讨论的真理，因此，他们对主观世界中的观念隐而不论，作为主观世界的重要内容的个体心理活动自然也不在实证社会家的研究范畴之内。实证社会仅以普遍化、客观化的集体意识和社会文化为研究对象，而且研究的重点也不是其主观意义和客观价值，而是分析它的客观规定性。在实证主义视野里，社会生活主要是一个客观的过程，可以通过社会结构与社会过程等概念框架来揭示社会生活的客观规定性。这是实证主义社会学的基本理论追求。

其二，实证社会学的理论原则同 19 世纪形而上学的思维方式在基本构架和展开过程上并无实质区别。形而上学思维方式的出发点或立足点实质上也是生产世界或科学世界，尽管哲学家们的抽象概念掩盖了这一点，但是形而上学思维方式的主客二元对立原则就是对生产世界和科学世界基本矛盾关系的体现或映射。哲学家们的视野要比社会学家们广阔，他们看到的不仅有外部的社会世界，还有自然界和内部的心理世界，他们思考的是宇宙万物的本质，因此他们展开的理论视角和论述的理论内容要比社会学家宽泛得多。从理论概括的范围上讲，哲学和社会学之间具有包含与被包含的关系，但是，二者在理论原则和思维方式上却找不出本质区别。

如果社会学既不改变对社会开展经验性和整体性研究的承诺，又想实现孔德等人提出的精神上的革命，那么社会学就应当调整自己的理论原则，也可以说是要改变自己的思维方式。而社会学要实现这种革命，它应当在立足点或出发点，在思维的基本构架、展开过程和理论目标上都有实质的变化，这种设想，如图 2-3-3 所示。

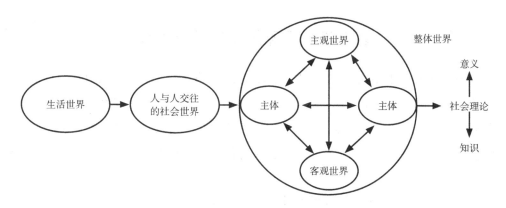

图 2-3-3　社会学的新理论原则或新思维方式

如图 2-3-3 所示，社会学不应当从生产世界和科学世界出发，而应当从生活世界出发。人们最初接触的世界就是生活世界，生产世界和科学世界从中分化出来。即使这些世界发展到了更高的程度，它们的基础仍然是生活世界。从实际生活出发不仅使得社会学更贴切、更基本，也从根本上涵盖了从生产和科学领域出发的意义。生活世界是未分化的，其中没有专业领域的分隔，也没有人和事物的对立，是人们自由地交往的世界。因此，如果从生活世界出发去认识社会生活，不是在主观和客观之间建立对立，而是先通过人与人之间的直接交流和相互理解来体验生活和世界。以生活世界作为起点，通过理解人类社会的本质来认知社会，而不是单纯地否认在生产、科学、政治、文化、教育、伦理和道德等领域形成的理论原则和思维方式。简而言之，从生活世界的角度出发，并不是完全丢弃主客二元对立的思维原则，而是要求建立在人与人关系上的主客关系，通过这种方式来追求客观性原则。要实现这种转变，社会学研究社会问题时应始于人与人的互动关系，从中思考世界，理解社会生活的客观规律，但同时不应忽视人与人之间的主观联系。我们应该从人与人、人与物的关系及这两者之间互动的关系中去理解人生，认识社会。按照这种原则建立的社会学知识不应仅限于目前主流的实证社会学知识，而应包含当代流行的社会理论，这种社会理论应该是一个整体，包含经验分析、基本原则、意义阐释和价值追求。

第四节　后现代社会学的兴起

20世纪六七十年代，西方国家先后出现了后现代主义，并随着世界政治交流的日趋频繁逐渐蔓延至全球，成为一股文化思潮。当时现代主义在西方文化中占据主流地位，后现代主义则以现代主义为批判对象，并对西方社会科学的各个领域造成了极大冲击。后现代社会理论也成为备受关注的热门话题。

一、后现代社会理论的缘起

（一）现代性与社会学

社会学起源于19世纪的欧洲，当时工业革命带来城市化的迅速发展，引发了一系列的城市问题，使得以研究这些与城市居民生活息息相关的社会问题的社会学得以产生和发展。社会学的缔造者们以现代工业社会为研究对象，就社会中的诸多问题展开研究，试图从理论层次解释正在发生的所谓"现代性"社会转型，产生了丰硕的研究成果，如孔德的"三阶段论"，斯宾塞"军事社会"到"工业社会"的两分法，滕尼斯"社区"和"社会"的区分，涂尔干"机械团结"与"有机团结"的类型说，韦伯的"合理化过程"，马克思的"资本主义社会"等。古典社会学家大都受到了伏尔泰、孟德斯鸠、卢梭等启蒙思想家的影响，继承了他们的学说，他们一致认为理性是推动社会进步的有效途径，只有借助理性才可以发现适合现代社会的系统理论与实践规范。而追求秩序和控制、崇尚理性和技术、相信进步和完美等，正是现代性的核心特质，是所谓"现代性规划"的关键内容。古典思想家大都致力于发展关于社会的一般性理论模型，并努力为上述"现代性规划"作辩护。他们的研究方向和得出的理论成果，对后来的社会学学说产生了深远影响。可以说，当代西方社会理论不仅是对当代社会变革的反应和现代性思维的表现，还是古典社会学理论的批判、继承和超越的结果。无论是从概念、范式、方法还是理论框架上，当代社会理论在不断地批判、继承、超越这些古典理论，并通过反复审视和精益求精，不断推动理论的进步和发展。

随着社会经济的发展，社会理论家对于社会问题有了更深刻的见解，研究思潮由古典社会学向当代社会学转型，美国社会学家帕森斯在这个过程中起着承上启下的作用，是不可或缺的中介性人物。帕森斯致力于探究社会秩序的形成过程，试图从理论上回答该问题，因此，他努力发展一套普遍化的概念系统。他希望构建出具有科学特征的系统理论，该理论不仅能够解释所有的社会行为和现象，而且可以清晰阐释现代社会的结构特点和运作机制，以期为政治统一和社会均衡发展作出贡献。他在吸收古典社会理论家思想的基础上提出了一种宏大理论——结构功能论，该理论具有内容广泛、构造繁复的显著优势，可以说是社会学理论的集大成者，得到了学术界的普遍赞誉。经过多年不懈地努力，帕森斯将功能论发展为社会学的主流范式，开创了社会学理论的"帕森斯时代"。由于其理论具有一种跨学科的性质，因而在社会科学各个领域均有较大影响，成为现代性宏大理论的一个重要标志，使社会学理论成为整个现代性事业的一个重要组成部分。学术界对于帕森斯有着很高的评价，有的学者认为他是现代性宏观理论家，有的学者认为他是现代性系统理论家，不管哪种说法，他们一致认为帕森斯在当代社会学领域中占有核心地位，为社会学理论的发展作出了突出的贡献，他倡导的社会学理论成为战后西方社会学论战的基本框架。当代西方的大部分社会学理论都将帕森斯的理论视为竞争对手和挑战对象，试图通过批判他的学说，发展出自己的理论框架。

虽然早期就有人对结构功能论提出批评，但这些批评大多声音微弱，未引起太大的轰动。直到 20 世纪 60 年代，对结构功能论的批评才开始渐渐聚集，最终动摇了该理论在西方社会学界的主导地位，促使社会学理论进入所谓的"反帕森斯时代"及"后帕森斯时代"。这一时期，西方社会的各种社会矛盾和冲突逐渐显露并趋于激化，同时也出现了一些新的特征。现代社会理论家主张的结构功能论与社会实际相脱节以及现代社会理论本身存在的缺陷，使得越来越多的学者对现代社会理论持否定态度，他们基于不同的研究角度对功能论进行了批判，为了寻找到契合实际的新的社会理论，他们将目光聚焦到现代主义前的知名理论家，重新阅读他们的经典著作，深入挖掘他们思想中的精华，对曾被误解的思想进行纠正，进而寻找适合自己的哲学领域，发展出闪烁个人思想光芒、具有个人特色的社会学理论。随着后现代理论家的不断涌现，社会学领域呈现了流派纷争的"繁荣"局面。

（二）后现代转向

随着时代的进步，社会生活、艺术、科学等领域都发生了巨大的变革，学术界将这种变革称为后现代转向。它有着丰富的内涵，不仅指人们观察世界、解释世界的新范式，同时也包括时代发展下，政治、经济、社会等领域的新变化以及文化与技术的新格局。伴随着启蒙运动的蓬勃发展，现代性理念（现代性规划）日渐成熟，逐渐成为西方社会理论的主流，占据西方人的心灵达两百年之久。在新的后现代时期，备受西方人追捧的现代性理念面临着全面的挑战和质疑。自 18 世纪开始，西方流传着一个著名的假定，它与启蒙运动紧密相关：日益增进的理性不仅有助于个人维护内心秩序，加强自我控制，有助于社会公平正义的实现，有助于推动道德的进步，有助于人类解放事业的进一步发展，有助于实现全人类的幸福和全面发展。然而，现实情况却与人们的设想背道而驰，原本想象中的美好场景并未实现，反而引发了战争、大屠杀等各种恶性事件，面对不断涌现的各种人为灾害，人们对现代性规划的信心逐渐丧失，18 世纪人们满怀希望畅想的美好未来反而演变成 20 世纪的绝望之境。

后现代思想家，通常是指那些对西方现代化持有彻底的批判态度的学者。自启蒙运动以来，现代性就被视为一种承诺，是一股促使人类摆脱愚昧和非理性状态进入历史舞台的进步力量。后现代思想家以否定的方式对现代性进行反思，他们并不遗漏现代性所犯下的任何错误和罪行。他们批评现代性所带来的所有影响，并相信现代性不再具有解放性的作用，相反地，它已经成为压迫和限制的源头，令人们难以自由发展。他们认为目前的社会已经进入了后现代社会，与以前的任何时代都有着根本的不同。同时，他们也对西方传统文化以及各种传统理论对人类社会及其历史的总体观点和研究方法提出了质疑。后现代社会理论与现代性社会理论形成了鲜明的对照，如帕森斯结构功能论作为现代性社会理论的代表，崇尚肯定、建设，以秩序、统一为显著特征；后现代社会理论则相反，倡导否定、摧毁，以鼓吹无序、差异为特征。后现代主义者认为，社会发展的终极目标不再是实现理性、自由和正义，相反，理性、自由和正义恰恰是社会发展中应该批判和超越的对象。尽管后现代理论和批判理论有诸多相似之处，它们均对现代性及其所带来的社会控制和合理化方式持批判态度，但后者通常试图建立并保持特定的边界和范畴，同时仍然接受现代性的许多基本信念和使用大量现代性色彩浓厚的概念。这些都是前者所强烈反对的。通常情况下，后现代主义者试图更加深入和彻底地推翻传统哲学和社会理论，与批判理论家相比，他们更强调反对任何普遍标准和元叙事。后现代主义者将所有倡导一致和相似的主张视为偏执狂和法西斯主义，并积极致力于探索崭新的理论和政治视角。

后现代理论的一个重要源头是后结构主义，后者兴起于 20 世纪 60 年代末期，是发生在法国的旨在批判和超越结构主义的一场思想运动：它继承了尼采与海彼格尔的思想，强调差异的重要性高于统一、同一，主张意义应该发散而非封锁于总体化、集中化的理论或系统之中。其代表人物包括福柯、拉康、巴尔特、德里达等，他们直接促成了认识论、美学和政治语境中"再现危机"，揭露了语言再现功能的脆弱性和话语与事物不相关联性，打破了认同是一种固定而一致现象的观念等。而 20 世纪五六十年代流行于法国的结构主义，是对二战后统治法国的萨特存在主义和现象学的反动，主要代表人物包括人类学家列维·斯特劳斯、哲学家阿尔都塞以及前面提到的福柯、拉康、巴尔特等。结构主义试图揭示支撑人类活动的那些一般结构，它相信不可观察的、隐蔽的社会结构决定了可观察的社会现象。

后现代理论运用了后结构主义对现代理论的批判，并将这些批判激进化，且扩展到新的理论领域。许多后结构主义者，如福柯、拉康、巴尔特、德里达、布西亚、德勒兹、瓜塔里、利奥塔等，同时又被看作后现代理论家。与后现代主义相比，后结构主义更加抽象、更加哲学化和更少政治化，更加关注语言领域。罗斯诺认为，后结构主义和后现代主义的主要差异是着重点的差异，而不是本质方面的差异，后者更倾向于文化批判，涉及更加广泛的领域。

二、后现代理论的基本特征

作为对当代西方有重大影响的思想运动，后现代主义既是一种文化思潮，也是一种思维方式，其影响范围已经超出西方世界，波及全球。随着后现代思潮在各个领域的普及，涌现出了许多以"后学"为名的新领域，如后现代政治、后现代教育、后现代文学、后现代科学、后现代经济、后现代艺术、后现代宗教、后现代哲学等。尽管后现代理论这一术语广泛应用于社会各个领域中，但是学术界就后现代理论中的诸多问题并未达成共识，这就导致后现代的话语极其复杂、混乱，充满了艰深的术语和自相矛盾的陈述。甚至可以说，后现代主义形式的多少同后现代主义者的数量息息相关，即有多少个后现代主义者就可能有多少种后现代主义的形式。斯马特对后现代主义理论家的观点进行了分析，以其对现代主义的态度作为标准，将他们的立场归纳为三类：极端的、温和的和共存的。其中，极端的立场认为，后现代社会必将取代现代社会，两种社会形态是完全不同的，必然存在着一种激进的断裂；温和的立场认为，随着时代的进步，社会正在悄然发生着变化，后现代起源于现代并将与现代长期存在；共存的立场认为，现代和后现代并不是前后相继的不同时期，而是可供选择的两种不同的视角，是一对处于长远结合关系中的两方，是后现代持续不断地指出现代所具有的限制。

罗斯诺则从各种各样后现代声明中，勾画出两种主要的一般性倾向：怀疑论的后现代主义和肯定论的后现代主义。前者持有某种悲观、消极和沮丧的立场，主张后现代时代是一个片段、解体、抑郁不安、无意义、含糊不清的时代，甚至是一个缺乏道德准则、社会秩序紊乱的时代；而后者虽然赞同前者对现代性的批判，但是其对后现代时代持有一种更有希望的、更为乐观的观点。类似地，有学者提出要划分出建设性后现代主义（支持以意识形态为目的的哲学）和极端的批判后现代主义两大类；也有学者提出"冷漠的"后现代主义和"热情的"后现代主义两类；还有学者提出"解构的或消亡的"后现代主义和"建构的或修正的"后现代主义；等等。尽管存在诸多混乱和分歧，但各式各样的后现代主义在批判现代性方面还是相当一致的。因此，下面主要从后现代理论所反对的东西入手，就其基本特征进行概括。

（一）谴责现代性的后果

后现代理论的显著特征，即对现代性的拒斥和对现代性后果的谴责。20世纪的种种不幸事件，以及全球经济萧条和贫富差距扩大等，被后现代理论家归咎于现代性的恶果，尽管有一些并不是因现代性规划而产生的。人类的行为常常会带来许多出乎意料的结果，即便是精心策划的社会计划也可能会产生不尽如人意的后果。

后现代理论实际上是对追求进步、向往未来持怀疑态度的，如当下不一定比过去更优越，而现代文明也不一定比之前的文明更进步。由此可见，后现代理论更加倾向批评与现代社会有关的各种现象，如工业化和城市化文明、各种高科技产物、民族国家以及繁忙的生活方式等。

后现代理论家认为，现代性所宣扬的道德准则、传统规范和深度解释都需要被怀疑并加以重新评估。在后现代理论家看来，以往所有的社会理论和相关的理论模式、逻辑推演方式、语言表达策略、真理标准以及道德判断，都是传统社会所制造的文化产物，都需要被颠覆。他们意识到，在18世纪启蒙运动的初期，现代性所预期的成果未能实现，最终在20世纪以失败而告终。因此，现代性已经面临着无法改变的挑战，需要引入"后现代"来取代它。

（二）反对整体化、元叙事的倾向

后现代理论坚决抵制一种以概括、全面为特征的世界观，反对元叙事、宏大叙事、整体性和一元论等思想。后现代并非试图提出一种替代性的理论框架，要揭示建立任何类似于此的知识基础都是不可能的，并对所有占据支配地位的知识权威的合法性提出挑战。后现代主义持有的极端观点认为，人们应该接受不确定性的存在，并且对于各种不确定性不需要作出解释，理解哲学相对主义。

后现代理论家研究指出，人类无法摆脱自身历史的桎梏。也就是说，人类需要从历史中获得各种反思或经验。人类无法获得一个完整、客观和独立于主观经验之外的外部世界的完美描绘。没有固定不变的法则可以等待人类去发现，也没有超越历史的中立基本原则和普遍理论，可以成为指导人生的知识基础。人类应该对深度、终极和统一的追求进行全面的审视。由于事物没有固有的本质，而且缺乏可靠的根据来支持解释，因此确定的解释已不具可信度，超越科学的哲学已失去其作为各学科寻求终极知识的基础力量。

（三）批判理性的霸权

对于理性权威，后现代理论家秉持与前人截然相反的观点。现代主义者普遍推崇理性，在他们看来，理性是人区别于动物的最本质特征，理性在人类社会发展历程中扮演着至关重要的角色，具有至高无上的权威，所有事物的产生发展都离不开理性的支持。有学者将理性比喻为法官，所有事物都需要接受理性这位法官的裁决，由理性决定该事物未来是持续发展还是逐渐走向灭亡。现代主义者认为理性是现代性的核心特征之一，是现代社会得以发展、科技得以进步的基石，它遍布现代社会的各个领域。虽然崇尚理性是现代理论的主流，但是仍有部分思想家（如海德格尔、尼采等）对理性持批判态度，这些思想家被称为非理性主义者。

后现代主义者对沦为社会边缘的非理性给予了高度关注，试图通过批判理性为非理性争取地位和话语权。他们对传统、神圣、个别和理性进行了重新评估。现代主义者极力批判的，诸如情绪、传统、丰富、宇宙论、神话、直觉、亲身经历、神话、宗教情绪、形而上学、神秘体验等不具有现代元素的事物，得到了后现代理论家的极力追捧，并使之焕发了新的生机与活力。一些后现代主义者以怀旧的心态看待过去，对现代主义之前的时代赋予了一层浪漫气息，特别是对前现代时代的"自我管理，自我再生产的"大众文化给予了高度赞赏，个别后现代主义者甚至为原始时期人类居于洞穴的生活蒙上了想象的面纱，认为当时的生活是浪漫的、美好的。他们坚信物质丰盈、科技进步的现代社会并不值得歌颂，没有什么特殊价值。

（四）鼓吹彻底的多元化、多视角主义

后现代理论始终坚持反对整体化、元叙事和一元论的观点，主张多视角主义，强调以多元化的角度看待社会。后现代理论家认为，世界是丰富多彩的，存在着多种多样的概念体系或假设体系，尽管这些体系有着显著的差异，但系统内部有着严密的逻辑能够解释世界，并没有客观的标准来判断哪一个更为权威或正确。面对纷繁复杂的世界，运用一元的、单向度的视角来解释是不科学的，容易形成偏见和错误。基于此，人们应该不断拓宽视野，打破思维定势，以开放的思维、多元化的角度来看待世界，接受各种可能性。恒定不变的事物本质是不存在的，学术界揭示的所谓事物本质只不过是基于自身的研究角度对该物的解释，某"事物"之所以存在，只不过是该"事物"出现在人们的脑海中，人们运用思维和感知，认识了该事物某一方面的特性并为之命名。因此，我们可以说，"事物"的存在完全取决于设想者、思维者、愿望者和感觉者的主观想象和创造。理论只是一种基于特定的标准或兴趣来解释事物的框架，它并不能够完全客观地反映事物的真实面貌。永恒不变的真理是不存在的，变化才是事物的本质属性，真理也不例外。随着时代的发展，真理不断被定义、纠正和超越。鉴于不存在一种绝对正确的观

点和权威的解释，因此需要接纳多种观点和多种理解的存在。传统思想家在解释现实世界时通常从一个概念的中心出发，运用固定的概念进行分析，得出相对固定的答案，后现代理论家则不然，他们特别注意避免视角的僵化，以更灵活的方式、更多样的角度进行分析。为了能够更全面地解释世界，他们通常会有意变动概念的层面，不断调整研究角度，努力避免终极化的体系。他们不断汲取其他学科中的有益成分，引入新的概念和框架，扩展研究的深度，转换研究的角度，对即使是某些看起来毫不起眼的细节也进行深入研究，甚至不惜改变写作的风格。

后现代理论具有浓厚的相对主义色彩，主张采用多元主义方法论探究问题。它认为完美的研究视角、思维方式和研究方法是不存在的，任何一种视角、思维方式和研究方法，不管其指导思想多么先进、逻辑多么严密、手段多么丰富，都只是认识事物的一种途径，所得到的认识也仅仅是对事物某一方面、某一部分、某一片段的认识，而不是囊括事物所有层面的绝对真理。因此，坚守某一固定认识和解释，进而排斥、抵制其他认识和解释不仅是不必要的，而且是错误的。受地理环境、历史文化等因素的影响，世界上不同地区、不同国家的人们形成了独具特色的意识形态、思维习惯和行为方式，这些不同的意识形态、生活方式、思维习惯等应被尊重，不应被强制统一化。任何主张统一化的企图是对世界多样性权利的剥夺，是不可取的。总之，后现代主义者倡导多元化和多样性，推崇差异，认为在思想观念方面人与人之间并不存在固定的共同点。如果强调追求一致，就容易导致压迫、统治以及实施恐怖主义。

（五）注重弱小、偶然、边缘、局部、断裂等范畴

虽然现代思想家和后现代理论家都对社会问题给予了高度重视，但二者的侧重点不同，现代思想家将目光聚焦到现代社会中的核心部分，对此进行了深入的研究，而后现代理论家则将目光聚焦到社会的边缘地点。现代理论话语权的核心部分常常包括强大、必然、中心、全局、连续等关键概念，与此相对的弱小、偶然、边缘、局部、断裂等则容易被忽视或被边缘化。后现代理论家反其道而行之，一方面，批判那些被现代理论视为话语中心的事物，揭露它们的局限性；另一方面，推崇被现代理论所不看好的事物，致力于为它们争取同等的话语权。

现代理论家认为，天生就高贵或卑贱的事物是不存在的，事物只是一种客观

存在，本身并不具有任何特殊意义，因为人的喜爱或厌恶而赋予了事物的特殊意义，同时这种特殊意义并不是一成不变的。中心和边缘的关系随着历史的发展而不断演变，并非一成不变的、绝对的。后现代理论的初衷在于宣扬被现代理论边缘化事物的重要性，推崇个性化的思维方式，如果把边缘作为新的中心，那也会背离后现代理论的核心理念。后现代理论主张的是消除单一中心的权威，实现去中心化，并且强调尊重不同的差异和促进多元化。基于此，许多后现代理论学者有意改变了他们的分析研究方法。后现代主义者把所有事物都看作某种文本，不是为了发现其中的意义，而是为了设定它们的意义。他们避免作出判断，他们中最老练的人不会明确地表达"支持"或"反对"某个事物，而是表示对某个话题或某件事情感兴趣。提供"读物"而非"观察"；提供"阐释"而非"判决"。他们对此事物或彼事物进行深入的研究，但是他们从不验证研究结果，因为要想验证结果是否准确就必须提供相应的"证据"，对于后现代理论家而言，"证据"是一个毫无意义的概念。

（六）强调话语分析

现代理论崇尚"再现知识观"，后现代理论则对该观点持反对态度，通过批判该观点凸显了话语分析的重要性。"再现知识观"认为，现实世界由两部分组成，一是主体世界，二是相对独立的客体世界，二者是对立的关系，主体可以尽可能准确地再现客观世界，但也不排除存在一定程度的误差。后现代思想家认为，主体与客体是统一的关系，不应将二者割裂。因为一种等待被解释的纯粹的、赤裸裸的"给定"是没有意义的。同样，一种等待被整合到不同范畴中的不变的"内容"也是没有意义的。事物是客观存在的，人们在社会实践中以客观事物为认识对象，掌握了该事物的特性，并按照一定的标准将其纳入某种类别中，该事物的主体也永远从属于它希望阐释的那个世界。换句话说，不管语言多么的精妙、优美，也无法"客观地""真实地"再现世界，虽然语言能够反映事物的某些层面或环节，但却无法完整地反映事物，不具备再现事物的功能。语言只是参与世界构建的重要元素。事实上，任何已知的事物都离不开语言的介入。从某种意义上来说，知识只不过是一种语言游戏。

后现代理论家大都强调语言的重要性，推崇话语分析。利奥塔认为，语言是社会上人与人之间联结的桥梁，个体与个体、个体与社会通过语言联结成网。这种联结并非由单一的线条编织而成，而是由多种（或无限种）语言游戏相互交织而成，其遵守的规则各不相同。拉康甚至认为，"真理来自语言，而不是来自现实"，因为事实本身既不是完全客观真实的，也不是完全虚假的，只是语言的表现形式。语言不仅仅是用来指示、表达或描述外在世界的东西，还包含了自身的表达方式，在很大程度上是自我指涉的。知识也不是脱离语言、历史而存在的特殊领域，而是存在于我们对语言微妙差别的理解中。语言不是透明的，也不是简单易懂的，而是错综复杂的，只能以间接的方式来通往真理。除此之外，语言具有不稳定性，会随着说话者的情感波动而发生变化。语言的表达方式多种多样，因此很难达到完美的表达，也引发了很多实际问题。后现代主义的言论观在塑造后现代思维方式方面扮演了至关重要的角色。

第三章　社会学研究方法

社会学作为一门学科首先是从西方（欧洲和北美）产生和发展起来的，迄今为止，欧美在世界范围内也还处于社会学研究的中心地位。本章内容为社会学研究方法，论述了方法论的意义、研究方式、研究过程。

第一节　方法论的意义

方法论是开展研究的哲学基础和最高指导原则，它反映了研究者的世界观和本体论。社会学（社会科学）研究的方法论主要有两类：实证主义方法论和人文主义方法论。

一、实证主义方法论

实证主义代表了模仿自然科学的社会学（社会科学）研究取向，它起源于孔德、奠基于涂尔干。长期以来，实证主义方法论都主导着社会学研究，它主张通过对经验现象的具体、客观、准确地观察来概括其因果关系。

一个实证主义的研究者会从一般性的因果关系开始，这个因果关系是他根据逻辑从一般性理论中所推导出的一个可能存在的因果法则。他以合乎逻辑的方式把这个关系中的抽象概念与对社会的精细测量连接起来。当研究者测量社会生活、检验证据和重复他人的研究时，要一直保持着无私、中立和客观的立场。从这些过程中对理论所概述的社会生活法则进行经验检验与证明。

实证主义代表着社会科学的"科学"一面。由于近代以来自然科学一直占据着最高的学术地位，甚至已经成为"科学"的代名词，因此，社会科学想要仿照自然科学建立自己的学科地位。实证主义的特点是采用统一的、复杂的、精确的定量技术，如问卷调查、实验、内容分析等，同时强调研究过程的严谨和客观。这种"科学感"为它赢得了政府和机构的资金，也树立了专业的公共形象。然而，实证主义也有着局限。社会现象毕竟不同于自然现象，人并不像无机物、动植物那样只受到客观规律的影响，人还拥有主观意识，如果忽视了这一点，我们对社会的理解将不可能是完整的。

二、人文主义方法论

人文主义方法论弥补了实证主义的局限，它关注人的主观意识，这一方法论在理论传统上可追溯至韦伯的理解社会学。韦伯主张社会科学要研究包含了主观意义的社会行动，要运用解释性理解的方法，去探究塑造个人内在情感以及指导个人以某种特定形式行动的个人动机。

人文主义研究者经常使用参与观察和实地研究的方法，这些方法要求研究者花费大量时间与被研究者进行直接的私人接触。研究者并不是从问卷和实验室中观察结果，而是从收集到的录音或录像中分析微妙的语言交流，并从情境中了解互动的细节。相比实证主义研究者从成千上万人身上筛选特定的量化信息，人文主义研究者可能仅对十几个人进行研究，但他们不是用几分钟或一两个小时让被研究者填写问卷，而是花上一年甚至十年的时间与被研究者一起生活，使用细致的方法来搜集详尽的、在日常生活中产生的定性资料，以便完整地理解这些人的所思所想，从而对相应的经验现象有更深入的认识。

人文主义方法论和实证主义方法论在很多方面都针锋相对，这源于它们在本体论出发点上的差异，人文主义代表了社会科学的"社会"一面。有趣的是，双方都认为对方的方法只适合于探索性研究，即不那么正式的初步研究。实证主义者认为人文主义适合发现事物间的相关性，但对于进一步的因果规律的把握还需要借助实证的方法。而人文主义者认为实证方法可以用来发现一些浅层的关联，只有采用"理解"的方法，才能知晓事物深层次的内在机制。

实际上，这两种方法论有着各自的优势和局限，分别适用于不同的研究目的，但对于单个研究者来说，由于能力、兴趣、经历等方面的限制，往往只侧重于其中一种。当阅读一份社会研究时，知道有这两种方法论将会有所帮助，因为研究者虽然常常依赖一种方法论，但是很少会告诉用的是哪一种。而若看出他所用的方法论，便能更好地理解他为什么用这些方法来做这个研究，以及这个研究的优势和局限。

第二节 研究方式

社会研究的基本方式主要分为四类：调查法、实验法、实地法和文献法。它们的主要特征体现于资料收集的过程。

一、调查法

调查法是最为常见的社会研究方式，它采用一套书面的问卷来收集资料，或是让被研究者自己填写（自填式问卷），或是研究者来提问并记录答案（结构式访问），常见的形式有街头调查、家庭调查、网络调查、电话调查等。调查法所收集的资料，其可靠性和有效性主要取决于两个因素：问卷的设计和样本的代表性。

（一）问卷设计

问卷的质量是调查法的根基。由于调查法不会控制情境性条件（如实验法那样），也不会花费很多时间去理解被研究者（如实地法那样），此外，面对的不是无反应性的资料（如文献法那样），而是活生生的人，因此，是否有一份既能满足研究者需要、又能促使被研究者提供真实而准确的信息的问卷，决定了调查法的成败。

问卷由问题和答案两部分组成。问题的类型包括结构式问题、半结构式问题和开放式问题，其中，结构式问题就是选择题（有单选、多选、排序等形式），开放式问题就是论述题，半结构式问题则是结合了两者。由于调查法的主要目的是收集可量化的资料，因而结构式问题往往占据最大比重，也因此，答案成了问卷的主要组成部分。答案需要满足穷尽性和互斥性，简单来说就是要让填写问卷的人有可选的答案，否则这就是一份存在缺陷的问卷。

问卷设计有三大原则：主题明确、逻辑清晰、从被调查者的角度出发。前两点不必多说，最后一点值得强调。社会学的调查法不同于企业的市场调查，也不同于网上的人气投票，它是学术取向的，这意味着研究者的计划中一定包含着许多专业术语和理论。然而，真正回答问题、填写问卷的被调查者，往往不是从事社会科学工作的人，甚至是受教育程度不高的普通人。因此，让问卷通俗易懂、简单明了是十分必要的。特别是对于自填式问卷来说，假如被调查者不能理解问卷的内容，那么再严谨专业的问卷都是没有意义的。在这一点上，结构式访问就优于自填式问卷，因为在填写问卷的过程中，访问者可以随时回答被访问者的疑问，以此最大程度地消除理解上的障碍。当然，这种方法对于访问者的素质要求较高，其花费的时间和精力也比自填式问卷要多得多，因而它的成本是所有研究方法中最高的。

高成本带来高收益，在如今的调查法中，高质量的研究很少来自小规模、短篇幅的自填式问卷，而往往来自大规模的、长篇幅的入户结构式访问，如中国家庭追踪调查、中国综合社会调查、中国教育追踪调查、中国老年社会追踪调查等。这些调查都是全国性的、连续性的，从多个省（自治区、直辖市）中抽取调查对象，并每隔一段时间反复进行调查，每份问卷包含上百道问题，问卷的填写由受过专业训练的访问员进入调查对象的家中进行，一般需花费数个小时。这种大型调查成本高昂，金额动辄以千万计，但这样可以形成质量可靠、内容丰富的数据库，供大量研究者免费使用，其产生的效益是无法用金钱衡量的。

（二）样本的代表性

样本的代表性是调查法的保障，它指的是接受调查的人群能否代表一个总体。很多人误以为调查法的关键是样本数量，认为样本数目越大，调查法的效果就越好。实际上，和样本的结构比起来，样本的数量并不重要。例如，一项研究要考察中国大学生的课余时间安排，如果它只选取北大、清华的学生作为调查对象，那么即使它的样本数量达到两三万人，也是没有意义的。而如果它能使用合理的抽样方案，即使样本数量不足一万人，其代表性也会好得多。

抽样的思想可以用一个生活常识来说明。当想要试一试一锅汤的咸淡时，会把这锅汤搅匀，然后取一勺品尝，而不是把整锅汤都喝下去。这取出的一勺就是样本，而搅匀的过程就是抽样方案的设计。抽样分为等概率抽样和非概率抽样，前者占主导地位，品汤的比喻也更适用于前者。等概率抽样是指总体中每个样本被抽到的概率是一样的，其理论依据是概率论和统计学，基本思想是随机化，即"把汤搅匀"，这样无论从哪里"取一勺"都可以代表总体。

在实际调查中，尤其是大规模的调查，最常见的等概率抽样方法是结合了多阶段抽样的成比例抽样。以中国家庭追踪调查为例，它的抽样分三个阶段进行：

抽取行政区（县）、抽取行政村（居委会）和抽取家庭户。而在抽取区（县）和村（居委会）时，按照实际的群体规模赋予不同的抽取概率，使大的群体比小的群体更有可能被抽中。在最后一步抽取家庭时，则以同样的概率来抽取，由于个体在大的群体中被抽中的概率小于在小的群体中被抽中的概率，于是就和前两步的非等概率性抵消了，最后仍然是等概率抽样。这种方法符合社会现实情况，但操作难度较大，因此在大型调查中才会被使用。

二、实验法

实验法在社会学研究中还不是很常见，其主要应用于社会心理学领域，然而，走出实验室的实地实验法正逐渐受到越来越多社会学家的关注，在未来很可能超越其他三类研究方式。实验法的特点是对情境条件进行一定的控制，使观察对象在特定的条件中行动，从而探索特定变量之间的因果关系。它是最符合实证主义方法论的研究方式，最接近自然科学对"科学"的定义。

由于情境条件得到高度控制，它可以直接观察和比较实验对象的行为变化（结构式观察）。实验法也会使用自填式问卷和结构式访问的方法来收集资料，但是它更常用的一种书面工具叫作"量表"。量表是一组历经实践检验的、具有权威性的问卷，它充分反映了追求可靠性、可重复性（信度）、有效性和准确性（效度）的"科学"思维。量表既是实验法的工具，也是实验法的结果，很多量表都是根据实验法来制定的，然后又投入新的实验中。常见的量表有人格测试量表、职业兴趣量表、心理健康量表等。大家在网上常见的各种"小测试"，就是模仿量表的产物，只不过它们往往不具有信度和效度。

在大部分的实验法中，研究者会将受试者分为两个或两个以上的小组，然后对这些小组给予相似的处理，但只有一个小组被施加了研究者感兴趣的条件：实验刺激。然后研究者精确地测量两个小组的反应。通过控制两个小组所面对的状况，并且比较没有接受实验刺激的控制组和接受了实验刺激的实验组之间的差异，研究者可以得出结论，即实验刺激究竟是不是造成差异的原因。

博姆曾做过一个实验，想了解公开表达观点是否会妨碍态度的转换。他先随机选取了一群学生，将他们分为两组，并让他们填写关于是否支持死刑的问卷，结果是两组学生都非常支持死刑。然后，他向其中一组（实验组）学生提供了有关反对死刑的详尽资料，数个月后，这组学生大大降低了他们对死刑的支持度，而另一组（控制组）学生则没有什么变化。此时，他开始了真正的实验。他让实验组的学生上关于死刑的课程，让控制组的学生上其他课程，他在课上让学生们公开发表自己对于死刑的意见。令人吃惊的是，先前实验组中所发生的态度变化完全消失了，即使他们握有充分的资料，并且在私底下转换了态度，他们在公开发表意见时仍然回到了过去的看法。博姆的结论就是，公开发表意见会抑制人们的态度转换。

和调查法相似，实验法也依赖问卷和样本的质量，但它更加依赖实验本身的精妙设计。许多有名的实验都让人赞叹不已，体现了研究者的高超智慧。实验法的本质就是控制现象发生的情境，进而化繁为简，从纷繁复杂的社会现实中萃取出简洁明了的规律。它对于研究者的逻辑思维和设计能力有极高的要求，同时，在社会学领域中许多情境是难以进行控制的，这两点导致它在社会学中的应用并不广泛。然而，社会学家们并没有放弃这一方法，许多学者都探索在自然环境中进行社会实验的方法。可以说，它是最有潜力的研究方式。

三、实地法

上述两种研究方法都属于定量研究的范畴，因为它们收集的资料最终都会转化为数学的形式，并以社会统计学的方法来分析。而实地法和它们不同，它是一种定性研究的方法。实地法又名田野研究，是一种在"实地"展开的、深入研究对象的日常生活，与研究对象面对面交流甚至共同生活的研究方式。它的最大特点是主观性和灵活性。

实地法不像调查法那样有客观的工具和程序，也不像实验法那样有精巧的前期设计，它是在真实的社会生活中进行观察、访谈、体验的一种研究方法。

实地法难免带有研究者的主观色彩，研究者的视角、情感和经历会成为研究的一部分，因此它并不像调查法那样强调客观和中立。相反，它注重对研究对象的"移情式理解"。最佳的定性研究，就是完全进入研究对象的意义系统，化身为研究对象，像理解自己的内心那样去理解研究对象，最后离开"实地"，回到局外人的研究者视角，将这份"移情式理解"的生活体验转化为"解释性理解"的学术语言。

实地法也不像实验法那样能进行事先设计，因为真实的生活是无常的，研究者往往只有一个大致的计划，其具体的实施过程有很大的弹性和自由发挥的空间。实地法者很少遵循固定的路线，而是需要根据实际情形随机应变，不断调整和改变方针以便更好地抓住机会、掌握机会。因此，这一方法十分考验研究者的洞察力、应变能力和组织能力。

大部分实地研究者都会选取如一个特殊群体、一个村庄、一个工厂等小规模的事物作为研究对象。在一开始的时候，他们往往只有一个不严谨的概念或主题。当设法进入所要研究的团体或者情境之后，他们就会选择扮演这个环境中的某个社会角色以便进行深入的观察。研究者在这个情境下和其他成员进行互动，有时长达数年。他们逐渐与被研究者熟识，有时会对其进行非正式的访谈。他们每天都会做好详细的记录。在此期间，他们会根据实际情况修改研究设想，不断地思考下一步要观察什么。最后，他们离开田野，整理和分析厚厚的记录，开始撰写研究报告。

威廉·怀特的《街角社会》被认为是实地法的经典案例。1936 年，怀特来到了波士顿的一个意大利裔贫民区，希望研究那里的人如何互动和生活。几经波折之后，他经人介绍认识了当地一个青年帮派的头领，在开诚布公地交谈后，这个名为多克的年轻人同意怀特作为"多克的朋友"进入这片社区，多克就这样成了怀特的"中间人"（实地法中帮助研究者进入田野的关键人物）。

在多克的帮助下，怀特得以参与和观察社区中的各种活动和人们之间的各种关系。怀特经常同帮派的青年人聚在一起，玩滚木球、打棒球、玩纸牌，也经常同他们一起谈论赌博、赛马以及其他的事情。他在这个社区生活了三年半，其中有一年半的时间是同一个意大利家庭住在一起的，还学会了说意大利语。在长期的观察中，怀特收集了丰富生动的资料，并据此得出有关群体结构与个体表现之间关系的一系列结论。

和调查法相比，实地法最大的优点就是突破浅层的问卷互动，深入实地场景中观察和理解研究对象。它往往能采用生动、翔实的案例来佐证研究者的观点，并对一些社会现象的内在机制进行入木三分的刻画。它当然也有缺点，最明显的就是它的资料较为琐碎和散乱，不像调查法和实验法那样简洁清晰。同时，由于它的主观性和灵活性，其研究结论难以推广到更大的总体上，且其他人也难以复制他们的研究。总之，实地法能提供非凡的洞见，但在规范化、标准化、系统化等"科学性"上有所不足。实地法和调查法共同构成了社会研究方法的双臂，它们各自代表了定性研究和定量研究的理念和实践。

四、文献法

和上述三类研究方法不同，文献法的研究对象不是活生生的人，而是各种类型的文献。文献的含义十分广泛，不仅包括各种文字材料，还包括声音、图像和影视等。文献法就是一种通过收集和分析现存的文字、数字、符号、画面等文献资料，来探讨和分析各种社会现象的研究方法。

文献法主要有四种类型：内容分析、二次分析、现存统计资料分析和历史文献分析。前三种方法的内在逻辑是相似的，都属于定量研究，将文献资料处理成数学形式并进行统计分析。不同之处在于，内容分析的材料是报纸、杂志、电视、微博、网络社区等，它需要将文字、声像转化为数字再进行分析，这个过程叫作编码。二次分析则是利用其他研究者收集的原始数据进行的再次研究，如调查法中提到的大型数据库。现有统计资料分析和二次分析类似，只不过它所用的是国家和地方政府收集的数据，如人口普查数据、环保监测数据等。历史文献分析分为两类：一类是个人文献分析，所用的文献为书信、日记、自传、回忆录等，它相当于实地法中的个案研究，只不过它是通过文献来理解他人，而不是通过观察和互动；另一类是非个人文献分析，也称为历史文献分析，它使用所有形式的文献，借助大量的详细描述来探究过去某段或某几段历史时期的社会文化模式。国内近几年来，随着历史社会学的流行，历史文献分析也被使用得越来越多。

韦伯的"宗教社会学研究"是历史比较分析方法的典例，他研读了新教、犹太教、印度教、佛教、儒教、道教的教义和典籍，又设法获得了欧洲、印度、中国各历史时期的经济数据，此外还收集了一系列关于社会文化方面的详细资料。通过分析这些文献，他得出结论，虽然经济因素能够影响社会的很多方面，但经济因素并不能解释所有的事情，甚至经济本身可能被其他事物所解释。宗教制度就是其中之一，它不是经济状况的一种反映，而是社会行为的直接来源，并且间接地影响了经济制度。韦伯认为，新教的教义与资本主义的发展有着密切的联系。不仅如此，通过对犹太教以及中国和印度的宗教的详细历史进行分析，他说明了资本主义为什么没有在中国、印度以及以色列等国家中发展起来：在这三国的宗教中，他没有发现任何支持资本积累及再投资的教义。

文献法的最大优点在于无反应性，即不需要担心研究者的介入会改变研究对象的行为和态度，从而影响所收集的资料的真实性和可靠性。这一点在调查法、实验法、实地法中都难以避免，因为在人与人的互动中，双方势必会对彼此产生一些影响。而文献法的研究对象是物，因此得以避开这一障碍。此外，文献法可以分析无法接触到的研究对象，比如，对过去的历史人物和事件进行研究时，文献法成为唯一可行的途径。而文献法最大的局限就是文献本身。它的研究质量在很大程度上取决于文献的质量，无论研究者多么精通文献法的技巧，都不可能使用伪造的、粗陋的、偏颇的文献来作出高质量的研究。社会学主要研究方式及方法，如表 3-2-1 所示。

表 3-2-1　社会学主要研究方式及方法

研究方式	类型	资料收集方法	资料分析方法	研究类型
调查法	普遍调查 抽样调查	统计报表 自填式问卷 结构式访问	统计分析	定量
实验法	实地试验 实验室实验	自填式问卷 结构式访问 结构式观察 量表测量	统计分析	定量
实地法	参与观察 个案研究	无结构观察 无结构访问	定性分析	定性
文献法	统计资料分析 二次分析 内容分析 历史文献分析	官方统计资料 他人原始资料 文字声像资料 历史文献	统计分析 定性分析	定量 定性

第三节　研究过程

上述的方法论、研究方式都贯穿在研究过程的各个环节中。社会学的研究过程主要包括提出问题、建立假设、概念操作化、测量与抽样、资料收集、资料分析、总结与成文。这七个步骤起源于华莱士著名的"科学环"思想，如图 3-3-1 所示。

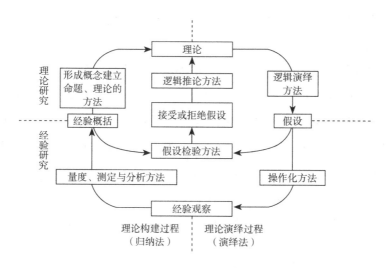

图 3-3-1　社会学研究过程

"科学环"简洁地概括了社会学研究的基本形式，如果去掉"经验观察"这个环节，那么研究就成了纯理论的研究；如果去掉"理论"这个要素，那么研究就成了纯经验的研究。如果从经验观察上升到理论，那么这就是一个理论建构的归纳逻辑；如果从理论出发来观察经验现象，那么这就是一个理论演绎的演绎逻辑。而大部分社会研究实际上都是理论和经验、归纳和演绎的综合体。

"科学环"表明社会研究是一个从理论→假设→观察→概括（或检验）→新的理论周而复始、无限循环的过程。其特点在于无始无终，研究工作可以从任何一点开始，具体的研究工作只是整个科学过程中的一部分，研究者的贡献只有汇集在一起才能推动科学的进步。

一、提出问题

一个好的题目是成功的一半，社会学直到今天已经有了浩如烟海的研究成果，这意味着要作出一项有新意的、有价值的研究绝非易事。一个研究问题的提出一般要经历三个阶段：困惑、议题、问题。

一般来说，一项研究都起始于一个单纯的困惑，研究者是在好奇心的驱使下一步步深入思考的。

有了议题就好像拿到了钥匙，可以进入与前人的对话中了。研究者会发现有很多学者已经对此做了形形色色的研究，所要做的就是浏览这些研究，看看它们是否解答了困惑。

如果对前人的研究并不满意，决定更加深入地研究这个议题，而且恰好拥有充足的时间、精力和资金，那么就可以进一步将其转化为真正的研究问题了。需要更加仔细地阅读这个议题下的文献，总结它们的价值和局限，并思考自己还能在此基础上作出怎样的改进。也许需要做一些经验调查，也许是查阅数据库、也许是做几个初步的访谈、也许是发一些小规模的问卷，总之就是设法得到属于自己的、直观的信息。有了文献回顾和经验调查的基础之后，再结合自己平时的学术训练、知识积累、理论兴趣，就能提出更加明确的研究问题。

整个过程就像"漏斗"一样，如图 3-3-2 所示。

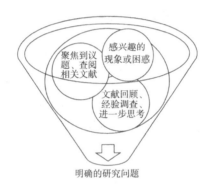

图 3-3-2 "漏斗"一样的研究过程

二、建立假设

并非所有社会学研究都有建立假设的过程，探索性的和描述性的研究就不需要带着假设去研究，只有解释性的研究需要有一个理论的或经验的假设作为整个研究的出发点。但一般认为，探索性研究和描述性研究虽然有着无可替代的意义，但解释性研究是更能体现社会学价值的研究类型。

解释性研究的一个基本目标是挖掘因果关联，即把某种发现的社会现象作为"果"，去探索它发生的原因。那么，这个研究的任务就变成了去发现一个社会现象和另一个或另几个社会现象之间的因果联系。社会中很多现象都是相互关联的，但并不是所有关联都有因果性。找到有意义的关联，不仅需要可靠的数据或者翔实的资料，还需要扎实的理论积累和敏锐的"社会学的想象力"。

三、概念操作化

做社会学研究和写文学作品是不一样的，后者有着极其灵活和丰富的语言使用空间，但是社会学研究却必须使用大家所认可的"概念"来组织文章的论述。概念是一些用来概括某一事实或现象的、被学术界广泛接受的、内涵清晰的词汇，如"后现代主义""核心家庭""市场经济"等。这些词汇反映了知识的积累性和建设性，既体现了这门学科的特色，也为这门学科进步的基础，因为这些词汇的共同使用让学者们得以互相沟通、互相促进。

然而，概念本身是高度概括性的，在一个具体的研究中，必须根据实际的研究需要，将其具体化、操作化为可以进行计算或者观察的指标。值得注意的是，从概念操作化开始，定量研究和定性研究的区分就比较明显了。

（一）定量研究的概念操作化

在定量研究中，概念的操作化是为了测量到精确的定量信息。一个很好的定量研究的概念操作化的例子是风笑天对武汉市居民生活质量问题的研究。他将"生活质量"这个高度抽象的概念转化为了一系列具体的指标，并做进一步细化，下面仅列出"工作与职业"这一项的细化，如图 3-3-3 所示。

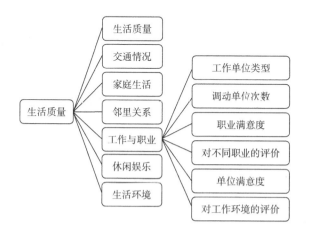

图 3-3-3 "生活质量"中"工业与职业"的细化

（二）定性研究的概念操作化

定性研究和定量研究有所不同。它所采取的概念会在研究过程中不断调整，形成更加符合实际的、清晰的概念定义。在此过程中，研究者的操作化往往是伴随着"概念化"而进行的，研究者并不需要将概念转化为可以量化的指标，而是通过对资料进行特定的观察和思考，进而整理出关于如何发展工作设想的一套描述。

四、测量与抽样

测量与抽样是"研究准备"的最后阶段，完成了这个步骤，就有了可以实际应用的研究工具和明确的研究对象，从而万事俱备、只待实践了。

（一）测量

广义的"测量"包含了上述的概念操作化，指的是将研究中所用的概念、命题、理论从抽象层次下降到具象层次的过程。而这里所说的是狭义的"测量"，指的是将事物的特征用数字或符号表示出来的过程。测量方案解决的是研究工具的问题，我们将经过操作化的概念进一步转化为具体的问题，它可以是结构式的问卷、访谈提纲、实验设计，也可以是非结构式的观察指南、访谈提要等。在设计测量方案时，要注意测量的四个层次。

1. 定类测量

定类测量用于测量定类变量，它在本质上是一种分类体系。对于某些特质，只能在名义上对其进行区分，如性别一般分为男和女，而这两者之间既没有数量关系，也没有等级之分，只有是和否的关系。定类测量在数学上的表达是等于和不等于，是最低级别的运算层次。

然而，尽管它的级别最低，它在社会学中却是最常见的测量层次，许多社会事物都只能以定类的形式来测量，如职业、学科、宗教信仰、政党、国体、户籍等。因此，对于定类变量的数学分析在很大程度上是由社会科学所推动的。

2. 定序测量

定序测量用于测量定序变量，它在本质上是一种等级体系。事物的某些属性可以放入一个等级序列之中，例如，大学教师的职称分为助教、讲师、副教授、教授，这四个职称是从低级到高级的关系。定序测量在数学上的表达是大于或小于，它比定类测量高一个级别。

社会生活中本就存在很多的定序变量，如学历分为小学、初中、高中、大学及以上。但社会研究中常用的定序变量往往是另一种类型，即人为界定的态度等级，如工作环境满意度可分为非常不满意、不满意、一般、满意、非常满意，对建立核电站的态度可分为非常支持、支持、中立、不支持、非常不支持。这类测量是为了更好地把握研究对象的真实态度，如果只分为不满意和满意、不支持和支持，那么就无法区分出研究对象的满意程度和支持程度了，而为了更好地达到这个目的，有时研究者也把等级分为七个序列，如增加比较满意和比较不满意。

3. 定距测量

定距测量用于测量定距变量，它在本质上是一种累计体系。它可以确定社会事物之间的距离和数量上的差别，如人的年龄就是定距变量。它在数学上的表达是加减运算，比定类和定序的等级都要高。

定距测量的最大特征是单位性，即事物的数量差别是带有特定单位的，单位的存在让它们能够被累计（累加、累减）。举个例子，14 岁比 13 岁大一岁，15 岁比 14 岁大一岁，这里的"岁"就是单位，它保证了 14 岁和 13 岁的差别与 15 岁和 14 岁的差别是一样的。定序测量就不具备这个特点，不能说初中和小学的差别与高中和初中的差别是一样的，也不能说不满意和一般的差别与满意和一般的差别是相同的，因为这中间没有明确的度量单位，无法将它们做加减运算。

定距测量在社会研究中有着举足轻重的地位，因为它具有数学意义上的可计算性，因此，能够进行复杂的统计操作。大部分常用的社会统计模型都是建立在定距测量的基础上的。

4. 定比测量

定比测量用于测量定比变量，它在本质上是一种比例体系。它可以确定社会事物之间的比例关系，在数学上的表达是乘除运算，是最高等级的测量层次。

实际上，大部分定距变量都是定比变量，唯一的不同在于，定比变量拥有实际意义的零点。例如，工资收入、年龄、人口等都是定比变量，零收入代表没有收入，零岁代表没有年龄，零人代表没有人口。如果小张的月收入是 3000 元，小明月收入 6000 元，那么我们可以说小明的月收入高了小张一倍。但有些变量的零点没有实际意义，如摄氏度和华氏度所测量出的温度，零度并不是表示没有温度，而只是为了测量的方便，人为指定了某种状态下的温度为零度。因此，我们不能说24℃比12℃热一倍。这就是定比测量和定距测量的区别。

（二）抽样

掌握了测量的四个层次，就能根据实际的研究主题设计相应的研究工具了。下一步就是明确研究的对象，因为我们往往不可能对所有的研究对象进行研究，而是只能从中抽出具有代表性的一些样本进行研究，这个过程就是抽样。在"调查法"中，已经部分论述了抽样，在实际上，抽样不仅存在于调查法、实验法等定量研究中，也存在于实地法、文献法等定性研究中。

1.定量研究的抽样

定量研究的目的是以样本的分析结果来推论总体的情况，因此，最常使用的是等概率抽样方法。关于这一抽样方法，可参见上文"调查法"部分。

2.定性研究的抽样

定性研究的目的是获得翔实的资料，从而深入理解研究对象，因而需要有目的地选择那些能提供大量研究信息的知情人。因此，它不采用随机的等概率抽样，而是使用目的抽样。具体的方法有滚雪球抽样、立意抽样、方便抽样等。它的一般特点是边收集资料、边分析、边抽样，如果信息出现饱和，即不能再增加新的有用的信息时，就停止抽样。

五、资料收集

资料收集和资料分析属于"研究准备"之后的"研究实施"阶段。资料收集部分大体上相当于四大研究方式，可参见"研究方式"中的相关内容。

六、资料分析

当我们历经艰辛得到了想要的资料后，下一步就是展开对资料的分析了。和上述许多过程一样，需要把资料分析分为定量资料的分析和定性资料的分析。

（一）定量资料的分析

定量研究的资料分析主要是统计分析，具体又分为描述统计和推论统计两部分。前者用来概括数据资料的基本信息，主要使用的方法为集中趋势分析（均值、众数、中位数等）和离散趋势分析（四分位差、方差、极差等）。描述统计一般用于探索性研究和描述性研究之中。而解释性研究主要使用推论统计，其目的在于通过样本的信息来推断总体的状况，主要包括估计和检验两条路径。

"估计"指的是利用统计方法和样本信息去估算真实总体的情况，也称为区间估计，主要有两种形式。第一种是单变量情况下的总体参数值估计。参数值一般指的是均值或百分比，可以利用样本的均值或百分比，通过合适的数学公式，来估算总体均值或百分比的置信区间，也就是参数值有一定的把握落在某个数量范围内。第二种是多变量情况下，利用样本信息建立统计模型，然后将想要预测的条件输入模型中，就可以得到预测的结果。

"检验"指的是利用统计方法和样本信息来检验一些假设能否被总体所接受，也按照单变量和多变量分为两种形式。第一种是对总体参数值的假设检验。例如，样本均值为 X，总体的旧均值为 Y，我们可以检验这个 X 能否成为新的总体均值，这就是总体参数检验。第二种是对统计模型所用的自变量究竟能否解释因变量进行检验。

不同的研究在测量层次（变量类型）、样本规模、变量数量等方面都有很大不同，因此，它们所采用的统计模型也五花八门，常用的有回归模型、结构方程模型、事件史分析等。

（二）定性资料的分析

定性资料具有来源的多样性、形式的无规范性、不同阶段的变异性等特征。定性分析和统计分析不同，它没有固定的模式，而是有着很强的主观创造性。

定性资料分析的过程通常包括初步浏览、阅读编码、分析抽象三个阶段。

首先，对研究目的和收集到的资料进行详述，这是进一步分析的基础。定性研究的资料分析可以是和资料收集同时进行的。分析观察和访谈得到的资料时，其顺序可以按时间、主要事件、不同环境、不同人等进行。

其次，在描述的同时对资料进行编码和分类，然后对资料作出因果性或相关性的解释。分析时，可以是单独分析每个案例，也可以多个案例交叉进行，以得出不同的人对同一问题的看法。

最后，解释的过程也是一个从具体的经验现象上升到抽象的概念和理论的过程，如果是带着假设所做的定性理论，那么这就是一个检验假设的过程；如果是不带假设的定性研究，如扎根研究，那么这就是一个提炼概念、形成新理论的过程。

定性资料分析的目的主要是将大量的、特定的细节组织成一幅清晰的图画、一个流畅的故事、一种概括性的模式。它很少像定量资料分析那样试图证明某种普适的规律，而是力图去提出某种理解性的模型和解释。此外，定性资料分析还可以说明一种社会过程的阶段性特征，这种暂时的顺序是规律的基础，因此，对因果关系的探讨有很大贡献。

七、总结与成文

总结与成文是一个研究的最后环节，也就是将自己的研究过程和研究结果公之于众的过程。社会研究作为一门科学工作，其最终目的是为全人类的知识和利益所服务的，因而，研究者应当以易于理解的形式向学术界、大众群体展示和交流自己所做的研究。这种形式一般以"研究报告"为主。

研究报告以文字或图表的形式将研究者的所思所想有组织地、系统地记录下来，让相关领域的研究者、政策制定者甚至是广大普通民众深入认识这一研究问题的本质，形成科学客观的观点。

研究报告是研究者灵魂的书面呈现，是整个研究的收尾工作，也是整个研究中极其重要的部分。即使一个研究很有价值，若不能很好地以研究报告的形式呈现出来，那么它也注定会被埋没。

第四章　社会学理论在社区建设中的应用

本章内容为社会学理论在社区建设中的应用，从三个方面进行了阐述，分别介绍了基于社会学的社区治理创新原理、社区治理的主体及其互动机制、社区人力资源的开发与激励。

第一节　基于社会学的社区治理创新原理

一、社区治理创新的本质是重建正当秩序

社区发展能够成为社区治理外在的明确的目标，也容易成为政府、居（村）委会和居（村）民的共识。但是，从社区治理的内在本质来看，则需要重新建立人们行为的正当秩序。这一正当秩序既是有效提供社区服务的保障，也是社区发展的基石。

（一）"外在秩序"与"内在秩序"的正当性

韦伯提出："如果并且只要社会行为平均地或近似地可以表述的'准则'为指南，我们便想把社会关系的意向内容称为'秩序'。无论这些准则被当作有约束力的、楷模的还是其他什么东西，只要它们对行为者是有效的，并且至少（即在有实践意义的程度上）也因此而被当成行为的取向，我们便说与此联系的秩序是'有效的'。"[①] 一种有效的秩序在社会中广泛地发挥作用，因为遵从某种秩序意味着接受了某种竞争准则，这种竞争准则内在地规定了特定的分配以及生产的规则，决定了最终产品或服务的消费状况，这一消费状况外在地表现为各种社会功能的实现程度。在社区层面上而言，传统的熟人聚落共同体所遵循的秩序最终实

---

① 马克斯·韦伯.社会学的基本概念 [M].胡景北，译.上海：上海人民出版社，2000.

现了多个层面的社会功能；同样，现代陌生人社区中特定的秩序也实现了大体相同的社会功能。

人们之所以遵循特定的秩序，是因为这些秩序是正当的。正当性指的是在特定的准则、价值、信仰及定义下的社会构造体系中，确立系统中的实体的行动的可接受性、恰当性及合宜性的一种普遍认识或认定。韦伯认为正当秩序包括惯例和法律。一种秩序的正当性通过不同因素得到保障。一类是纯粹的感情因素、价值理性和宗教因素；另一类是作为保障因素的利害关系。"在现实中，从单纯传统的动机或单纯目的理性的动机，过渡到从正当性的信仰出发，把秩序作为行为的指南，其间有着难以分开的许多中间状态。"①

韦伯指出，根据他的经验，任何组织都不会"自愿地把保持自己生存的基础只建立在物质和情感动机的感召之上。所有系统都会力图建立和培育对其'正当性'的信仰"②。意味着外在的社会秩序通常都与特定的内在信仰秩序相关联。拉塞尔·柯克在研究美国社会秩序时也提出："秩序是共同体的第一需要。除非我们认可借以实现正义的某些秩序原则，否则便不可能与他人和睦相处。"美利坚合众国秩序的根基分为互相关联的两种："道德秩序也即灵魂秩序的根基，以及公民社会秩序也即共和国秩序的根基。""灵魂的'内在秩序'与社会的'外在秩序'紧密相连。"③

费孝通先生则将内在秩序称为"心态秩序"。1992 年 9 月他在香港中文大学举办的首届"潘光旦纪念讲座"上发表《中国城乡发展的道路——我一生研究的课题》时提出"建立新秩序不仅需要一个能保证人类继续生存下去的公正的生态格局，而且还需要一个所有人类均能遂生乐业，发扬人生价值的心态秩序"。1993 年，在一次谈话中，费孝通先生进一步阐述了心态共识的重要性。他指出："世界经济的一体化，提出了很多问题，大问题。其中有一个需要在意识形态上沟通、理解、协同努力的问题。经济上休戚相关、兴衰与共了，文化上还是各美其美。也就是说，生态方面已经进入共同网络，心态方面还是没有形成共识，两者不协调，这是当今社会的一个大问题。"④

① 马克斯·韦伯.社会学的基本概念 [M].胡景北，译.上海：上海人民出版社，2000.
② W.理查德·斯特，杰拉尔德·F.戴维斯.组织理论 理性、自然与开放系统的视角 [M].北京：中国人民大学出版社，2011.
③ 拉塞尔，柯克.美国秩序的根基 [M].张大军，译.南京：江苏凤凰文艺出版社，2018.
④ 费孝通.费孝通晚年谈话录（1981—2000）[M].北京：生活·读书·新知三联书店，2019.

对于社区而言，要建立起能够提供良好功能的外在的社会秩序，也就同时需要建构起内在的信仰秩序或心态秩序。只有在社区中确立起大部分居民认同的正当性秩序，社区才能形成良好的规则，提供丰富的产品和服务。可见，正当性秩序是社区治理的内在要求。

（二）传统共同体秩序向现代社区秩序的创造性转化

正当性秩序是传统聚落共同体得以存在的基础，保障了各种基本服务的提供和社会功能的执行。在向现代社区的转换过程中，传统共同体秩序在正当有效的形成来源上以及建构方式上都不得不发生改变。这一改变正是社区治理创新的核心深层内容，也是其困难所在。

韦伯把正当秩序有效的原因总结为四个类型，一是基于传统：过去一直存在的，是有效的。二是基于感情（尤其是情绪的）的信仰：新的启示或楷模的有效。三是基于价值理性的信仰：被视为绝对有效的东西是有效的。四是基于被相信的正当的成文的章程。相对而言，传统的共同体的正当秩序主要是基于第一和第二种原因而形成，现代社区的正当秩序则主要是基于第三种和第四种原因形成。这一差异虽然说是传统的共同体秩序向现代社区共同体秩序转变的重要内容，但并不是最关键的差异。因为，即使在现代社区中，不少人依然会把传统或信仰当作正当秩序的来源。

传统共同体秩序与现代社区共同体之间最关键的差异在于建构方式。概括而言，在传统共同体中，一个人是在先天就存在的组织或网络中接受某些特定的正当秩序。这就意味着个体通常是某种秩序的被动接受者和习得者，自由选择的空间很小。在现代社区中，一个人对于正当秩序的接受是一个自由选择的结果，尽管这一自由度会受到迁移费用、信息费用等因素的限制。这一自由选择的前提条件包括加入某个新兴组织或网络，而且该组织或网络是某种新制度的产物；这一新制度得到了特定文化信仰的支持。

由此可见，社区治理创新在本质上是由传统共同体秩序向现代社区秩序转变的一个过程。为了实现这一转变，需要在传统共同体的基础上采取创造性转化，逐步建立起新的正当秩序。具体而言，首先是需要了解和掌握来自传统社会中的文化资源和组织资源，分析出这些资源可以利用的内容；其次是沟通和确立新的制度规则，将这些规则引入新的社区中。例如，垃圾分类就是一种新的社区规则。再次是对传统文化或信仰进行重新诠释，将这些新的诠释与新的社区规则结合起来，塑造为社区居民的心态秩序。

（三）社区治理创新的过程和阶段

创新通常可以分为"重大突破"和"持续改善"两种。社区治理创新主要是以"持续改善"的方式进行。从社区治理创新的本质出发，可以对社区治理创新的一般过程作出描述。通常而言，社区治理创新包含了五个阶段，在第一个阶段由具有企业家精神的人发现了提供社区新服务的机会，通过提供新的服务可以有效满足社区成员的需求；在第二个阶段具有企业家精神的人为了提供服务而开发所需的多种资源或要素；在第三个阶段为了让新的服务得到有效供给，具有企业家精神的人提出新的规则或制度；在第四个阶段为了让更多的人接受新的规则或制度，具有企业家精神的人建立起网络或组织；在第五个阶段是在网络或组织中传播新的文化理念，从而对规则或制度形成有效支持，建构起正当性秩序。

依据上述五个阶段，可以将社区治理创新划分为五种类型，即服务或技术创新、资源创新、规则或制度创新、网络或组织创新、文化创新。在日常社区工作，也可以分别将其称之为服务治理、资源治理、协商治理、规则治理和文化治理。随着社区治理的深入，原有的问题得到解决，又有新的问题不断出现，这就要求提升治理创新的层级。例如，当一些社区完成服务治理、资源治理和协商治理之后，就会发现规则治理和文化治理的迫切性。

社区治理的持续性创新或改善对于提升社区服务质量、实现社区发展目标具有非常重要的作用。这是因为一方面社区居民的需求是在不断变化和提升的，而且社区所面临的各种问题也日新月异；另一方面则是由于社区治理永远存在着持续改善的空间。例如，早期社区中关注的是人们的生存问题，但是随着收入水平的提高，社区开始重视对生态环境的保护；在生态环境改善后，社区又开始重视文化艺术活动的开展。在社区治理的多元主体中，也由政府为主导逐步转变为社区委员会或者社区草根组织为主导，这些转变都意味着社区治理的创新。

考虑到当前社会治理所处的阶段和突出问题，本书在初步介绍组织创新和制度创新的基础上，重点介绍和分析服务或技术层面的创新，也就是服务的创新，以及为了提供服务而进行的资源创新。对于文化治理层面的创新，由于绝大多数社区尚未发展到该阶段，暂时不做深入分析。

二、基于灵性资本理论的治理创新动力

社区治理创新既是为了应对新的局势变化，更是为了持续提升治理效率。创新决定着社区治理效果的差异。揭示驱动社区治理创新的初始性动力机制，是开展各层面创新的前提。

（一）推动社区治理创新的企业家精神

企业家精神，该词源于法语，意思是中间人、中介或承包人。这些初始含义其实已经蕴含了今天企业家及企业家精神的主要特征。该词汇最初应用于工商管理实践，是由一位成功的商人、银行家理查德·坎蒂隆写入 1755 年出版的《商业性质概论》一书中。在经济学中，围绕着对企业家精神的理解，形成了多个流派。综合多个学科的理论见解，可以将对企业家精神内涵的理解总结为下述四个维度：

一是为追求利润而承担风险。企业家通过发现价格差异并采取套利行为，从而推动经济系统不断向均衡状态接近。也就是在给定技术知识条件下，企业家推动交易结果到社会生产可能性边界上。企业家敏于发现市场机会，并且因占有别人不具备的知识而能够从中获益。二是通过创新来创造价值。即企业家通过创新来打破原有的均衡。或者说，企业家通过创新来将生产可能性边界移动到更远处。这一思路的开创者是熊彼特，他认为企业家是革命者，是推陈出新的创新者，他们的"独特的经济职能"是"通过利用一项发明，或者更一般地说是未曾尝试过的技术可能性，以生产一种新产品或者以新的方式生产原先的产品，或者开辟原料供应的新渠道或产品销售的新市场，或者实现一个产业的重组，等等，从而改善或者彻底改变一种生产方式"。由此，企业家精神开创了一个"创造性毁灭"的过程，成为周期性经济繁荣和衰退的根源。三是跨越"结构洞"开展中间业务。马克·格兰诺维特发现了"弱连带的力量"，即在社交网络中密集的集群可以通过少量的连带来联系彼此，这些连带具有"桥接"的性质，从而能够使信息更容易贯穿于整个网络。罗纳德·伯特认为当这种网络"连接"在"断开"时，就形

成了"结构洞"。那些中间人就可以置身于结构洞之间，以获取居间利润。显然这个中间人就是扮演了企业家的角色。四是基于文化价值观形成的事业动力。对于企业家"精神"层面的关注起源于桑巴特、韦伯和托尼等资本主义精神的探索，而韦伯关于清教为企业精神烙上伦理印痕的思想尤为重要。韦伯认为，现代企业家能够突破传统的精神障碍和顽固的心理障碍以及伦理观念，受助于新教伦理的转变。

虽然以创新为核心特征的企业家精神通常被用于工商企业领域，但也有越来越多的研究表明企业家精神同样存在于政府和社会中，其中存在着政治企业家、社会企业家的说法。企业家精神的重要性已经从学术话语进入政策文件之中。中央全面深化改革委员会第三十四次会议通过了《关于进一步激发和保护企业家精神的意见》，对激发和保护企业家精神作出专门规定，提出要"激发和保护企业家精神，鼓励更多社会主体投身创新创业"。"更多社会主体"不仅仅是企业组织，也包括各类社会组织、自治的社区组织。从实践来看，这些在基层社区组织探索创新的领导及其团队确实有着杰出的企业家精神及才能。

从社区治理的实践来看，人们发现"社区领袖""社区精英""社区能人"对于社区创新发展的作用显著，认为社区建设工作做得好坏取决于社区领袖的工作能力和工作积极性。对农村社区发展的研究也表明，社区成员会自觉或不自觉地聚集在社区精英周围，社区精英为了社区的不断发展，运用他们的权威整合社区资源，协调社区内的各种矛盾，将社区成员有效地组织起来，加强社区的各种组织建设，共同解决社区问题，谋求社区新的发展。

（二）社区领导者的灵性资本

企业家精神只是早期经济学家的一种概括，也是一种较为模糊的日常话语。对于其本质特征，还需要用更为深入的解析。在对企业家精神长期研究的基础上，作者提出企业家精神的核心是灵性资本的观点。具体来说，灵性资本是指为了获得精神和物质上的持续收益，个体从信仰或其他超越性对象中接受的人生意义与使命感。这一概念并非虚构的产物，而是在对人类实践活动观察思考基础上被逐渐发现的。生命意义及使命对于个体行为的重大影响已经得到心理学等学科的深入研究。研究者发现宗教或信仰能够通过超越性力量为人们提供意义、价值观和基本目的，对人们的行为有着重要影响。需要说明的是，虽然宗教或信仰是灵性资本的重要来源，但并非唯一来源。灵性是一种对至高力量的体验和意识，也是一种与自我、他人、人世和至高力量具有内在联系，进而担当责任的感觉。只要能够给人们带来意义感与使命感的都可以成为灵性的来源。包括神话或童话、亲情友情及爱情、大自然或旅游、艺术或文学、游戏或科幻等。当我们将不同来源形成的个体意义感与使命感称之为灵性资本时，意味着它具有四个方面的性质：第一，可以度量，可以比较；第二，该资本既可以增值也可以贬值；第三，具有非负的经济支付；第四，与传统的人力资本有明确的区别。目前，心理学普遍使用的生命意义问卷已经提供了可度量和可比较的灵性资本指标。

从企业家精神的本质是灵性资本的判断出发，我们可以揭示那些具有企业家精神的推动社区发展的社区领导的共同特质。这些更高的灵性资本通常来自社区领导个人成长的家庭、社区或学校，国家主流信仰或其他基于传统文化的信仰都可能是其内容。用灵性资本来描述和度量社区领导所具有的企业家精神，一方面有助于发现决定社区发展的最关键的资产（或资本），另一方面也有助于揭示社区资产中的物质资本、人力资本、社会资本、文化资本、制度资本与决定性因素灵性资本之间的关系。

概括而言，灵性资本在社区发展中具有三个方面的基础性作用。一是社区领导的灵性资本有助于提出社区发展的意义和价值，发现社区治理创新的潜在收益。只有那些具有很高灵性资本的社区领导才能够看到和提出社区发展的重大意义和价值，才能够为了实现这些意义和价值而投入创新的才能和大量精力。二是社区领导的灵性资本有助于确立务实可行的社区发展目标。转型期的中国社区发展存在着多重要求，如何实现这些目标的有机统一，采取务实可行的社区发展目标通常是社区发展的重要前提。同样，只有那些高灵性资本的社区领导才能够确立体现社区发展意义的具体目标。三是社区领导的灵性资本有助于发现社区发展的具体路径。如何利用社区现有资产实现发展的目标，这是一项极为艰难的"跨越"。只有高灵性资本的社区领导，才能够在意义感和使命感的支持下，摸索到实现的可行路径。这三个方面的独特作用，决定了社区领导在社区发展中具有的"火车头效应"，也反映了灵性资本这一关键性因素的重要性。

（三）灵性资本带动下的社区发展

发现了灵性资本这一决定社区发展差异的深层次关键因素后，才能够确定社区发展的起始点，梳理和描述社区发展的一般过程和机制。通常而言，社区发展具有下述三个环节：灵性资本作为自变量、社会资本作为中介变量和社区发展作为因变量的传导机制（图 4-1-1）。

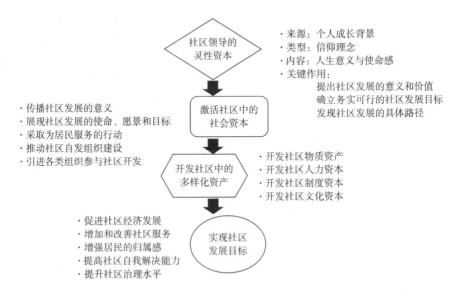

图 4-1-1　基于灵性资本的社区发展模型

1. 灵性资本是激活社会资本的关键因素

许多研究者都意识到激活社会资本，引导多种社会组织参与社区建设的重要性。然而，有的社区自组织层出不穷，有的社区中则是一盘散沙。多个案例显示，同样的社区会因为领导的改变而带来社会资本的显著转变。具体的激活方式除了前述社区领导积极提出和传播社区发展的意义，展现社区发展的使命、愿景和目标之外，还包括社区领导采取为居民服务的行动、推动社区自发组织建设、引进各类组织参与社区开发。愿意而且能够做到这些的社区领导一定都具有"为居民服务"的事业心和使命感，只有这样才能感召更多居民来参与社区建设，激活潜在的社会资本。

2. 通过社会资本开发利用多种社区资产

激活社会资本的直接结果是有不断增多的社会组织参与和提供社区服务，由此才能够对原有潜在的各类社区资产进行开发和有效配置利用。包括通过发展社区经济提升社区物质资产收益；通过发展社区教育提升社区人力资本水平；通过开发制度资本来推动相关法律政策及社区内乡规民约的创新变革；通过开发文化产业提升社区文化资本的价值。

3. 通过社会资源开发促进社区全面发展

当社区中多样化的资产或资本被充分开发利用后，社区发展的目标就会逐步实现。这些目标通常相互关联，但各有侧重。包括促进社区经济发展、增加和改善社区服务、增强居民的归属感、提高社区自我解决能力、提升社区治理水平。

三、基于社会资本理论的组织创新

为了有效提供服务和开发资源，社区中的组织和网络就成为影响治理效果的关键因素。特别是组织和网络所带来的互惠和信任是促进社区发展的稀缺资源。

（一）网络和组织是社会资本的基础

虽然研究者的侧重点有所不同，但总体而言社会资本指的是公民的民间参与网络，以及体现在这种约定中的互惠和信任的规范。对于社区治理而言，社会资本既是影响其差异化发展的重要变量，也是社区治理成效的一个显著体现。一个具有高度互惠和信任规范的社区，在治理方式与效果上显然与缺乏此特征的社区不同。为此，需要从社会资本的视角来解释社区治理的差异，也由此来揭示社区在正式组织与非正式组织上的创新现象。

在对社会资本的理解上，皮埃尔·布迪尔厄率先提出"场域"和"资本"概念。"场域是以各种社会关系连接起来的、表现形式多样的社会场合或社会领域……一个场域可以被定义为在各种位置之间存在的客观关系的一个网络，或一个构型。"场域就像一张社会之网，位置可以被看成网上的纽结。社会成员和社会团体因占有不同的位置而获得不同的社会资源和权利。布迪尔厄提出，所谓社会资本就是"实际的或潜在的资源的集合体，那些资源是同对某些持久的网络的占有密不可分的。这一网络是大家共同熟悉的，得到公认的，而且是一种体制化的网络，这一网络是同某团体的会员制相联系的，它从集体性拥有资本的角度为每个会员提供支持，提供为他们赢得声望的凭证"[①]。社会资本以关系网络的形式存在。

---

① 布尔迪厄.文化资本与社会炼金术 布尔迪厄访谈录 [M].包亚明，译.上海：上海人民出版社，1997.

詹姆斯·科尔曼把社会结构资源作为个人拥有的资本财产叫作社会资本。社会资本的形式有义务与期望、信息网络、规范与有效惩罚、权威关系、多功能社会组织和有意创建的组织等。科尔曼指出："蕴含某些行动者利益的事件，部分或全部处于其他行动者的控制之下。行动者为了实现自身利益，相互进行各种交换……其结果，形成了持续存在的社会关系。""这些社会关系不仅被视为社会结构的组成部分，而且是一种社会资源。"① 林南认为社会资本是"投资在社会关系中并希望在市场上得到回报的一种资源，是一种镶嵌在社会结构之中并且可以通过有目的的行动来获得或流动的资源"。林南定义社会资本时强调了社会资本的先在性，它存在于一定的社会结构之中，人们必须遵循其中的规则才能获得行动所需的社会资本，同时该定义也说明了人的行动的能动性，人通过有目的的行动可以获得社会资本。②

（二）社会资本的多种作用

社会资本不再仅指能为行动者带来收益的、持续稳定的一种社会关系，它也上升到了社会规范、文化、信任及社群、团体发展的层面上。在这个层面上，社会资本不仅对宏观的经济和政治产生影响，也对社区层面的发展具有直接作用。

研究者对社会资本与经济和社会发展的关系进行了经验研究，结果发现一个国家的国民对他人的信任程度越高，国家的国民规范越明确，则该国的经济（社会）发展水平就越高。深入来看，社会资本对经济发展的作用或许是其对教育、科技创新的影响。科尔曼曾指出，在传统社会中，儿童的成长过程会受到家庭和邻里人的关注，这些构成了儿童成长的社会资本。研究结果表明，父母对子女关心程度与孩子们学业成绩的高低和在学校里表现有关，社会资本在人力资本的形成过程中发挥着不可替代的作用。同时，许多研究者注重研究社会网络在科学积累与新思想传播中的作用。科学知识的积累就是新的科学思想在科学家之间的非正式网络联系中进行的。这种非正式联系或网络被称为无形学院。在劳动就业中，"即使在欧美等劳动力市场制度建设较完善的国家里，人们在就业和求职过程中

---

① 詹姆斯·S. 科尔曼. 社会理论的基础（上）[M]. 邓方，译. 北京：社会科学文献出版社，1992.

② 林南. 社会资本：关于社会结构与行动的理论 [M]. 张磊，译. 上海：上海人民出版社，2005.

还是会更多依靠自己的社会网络关系，求职者可通过自己的社会关系网络来获得信息与帮助，从而容易找到理想的工作"。同时，对雇主来说，使用社会网络寻找雇员可扩大雇佣范围，保证员工质量。对于企业而言，信任的程度能影响企业的规模，信任也能降低企业的交易费用，提高企业的经济效益和社会效益。

在社区层面来看，社会资本对于社区经济发展也具有重要作用。例如，现代的科技聚集区"硅巷"就是建立在社会资本的基础之上的。纽约的科创产业在中心城区聚集——以中城南区的熨斗区、切尔西地区、SOHO区和联合广场为起点，逐渐向曼哈顿下城和布鲁克林蔓延。这个无边界的科技产业聚集区被称为"硅巷"。其基础就是通过把社区打造成一个高品质的开放空间网络，既保留了不同街区的文化多样性，又通过丰富的文化资产、自如的人口流动，促成了社区的公平发展。

帕特南的研究指出了社会资本对于市民生活和民主制度的重要作用。他指出，公民对于公共事物的参与有助于产生自发的社会网络组织及成员间的信任和规范，是市民社会生存所依赖的社会资本。社会资本是民主进步的一种重要的决定性因素。在意大利那些民主制度得到很好发展的地区，往往都是历史上社会资本积累深厚的地区。在很大程度上，社会资本的差异解释了意大利各地区民主制度和经济发展的不同。

"民主的改革者必须从基层开始，切实鼓励普通公民之间的民间约定。"对于社区治理而言，如何实现民主自治一直是一个难题。社会资本的理论视角提供了可行的思路。提升社区自治水平和民主决策水平，必须重视保持和培育公民组织和参与网络，从而形成必不可少的信任和互惠的规范。当一些农村社区的人际关系观念逐渐淡薄，相互之间的交流与互相帮助越来越少，社会资本不断流失，社区自治的难度也就更大。

（三）社区治理中的组织与网络创新

发挥社会资本的作用，在一定意义上来说就是要促进社区中网络和组织的创新。这种创新有的是建立在历史传统的基础之上，有的是为适应新的社会需求而提出。概括而言，在组织与网络层面的创新主要有以下几方面：

1. 创建社区非正式网络

社区中的任何两个以上的居民，无论通过面对面的方式，还是通过互联网络的联系，都可以以某个主题或目标为中心，建立起多种多样的非正式网络。这些网络的出现本身就是创新，成为参与社区治理的重要力量。

2. 创建正式的社区内自组织

在非正式网络的基础上，围绕着更为明确和长久的目标，可以备案或登记注册成为正式的自组织。这些自组织有着自己的章程和稳定的成员，能够形成更为紧密的互动和信任关系，在社会治理中能够发挥更为强大的作用。

3. 推动社区网络与组织的公民参与

公民参与网络所具有的诸多优势，使得非正式网络和正式自组织比个体更能够有效推动社区中的公共事务，也有助于促进社区层面民主和自治的实现。

四、基于公共选择理论的社区制度创新

社区治理在制度层面的创新涉及对相关法律制度特别是产权制度的改变，虽然其面临的困难巨大，但是，这一层面创新所蕴藏的潜力也非常深厚。理解制度层面的创新，一方面要了解区域性物品的特性，另一方面要应用现代公共选择理论。

（一）提供区域性集体物品的社区治理模式

不可分性与非排他性通常是纯公共物品存在的原因。但是物品的不可分性与非排他性并非不能被打破，只不过分割与排他的代价较高。在一定的技术或制度条件下，物品可以进一步分割，也可以采取低成本的排他措施。这样就会使得纯公共物品转变为俱乐部物品或者是私人物品。例如，在 1867 年美国人约瑟夫·格利登发明带刺铁丝网之前，许多土地是很难排他的。因为铁丝网容易生产，安装简单，价格便宜，能有效地隔离牲畜，并且降低个人财产被盗的概率，极大地降低了土地排他的成本，在美国西部边疆的开拓过程中，起到了明确产权的作用。正是使用了这种带刺的铁丝网，牧场主们才能够把自己的牧场和他人的牧场区分开来。

牧场是一个典型的具有区域性的物品，这个区域性是指人们总是生活在地球上的某个三维空间中，人们的所有活动都是以某块确定的土地为基础的。区域性物品不仅在一个较大范围内是具有可分性的，或者说分割的成本较低，例如一个

国家和州的土地可以划分为多个社区，而且区域性物品的排他性也可以采取较低成本的方式来实现，例如，通常讲路灯是难以排他的，但是当路灯是在一个区域性的土地之上，附着于特定区域的服务时，就可以通过对所在的土地设置障碍，路灯也就成为具有排他性的服务了。需要指出的是，可分性和排他性并不是自动实现的，而是那些具有企业家精神的人从中发现潜在的收益，采取行动实现创新的结果。

大部分由政府提供的市政物品或由社区提供的社区服务都是具有区域性的。例如，公园、树林等休闲娱乐场所都是以具体的土地为基础的。这也就意味着所有的社区及其提供的服务都可以在分割和排他性成本变化的情况下，实现产权与治理方式的转变。

社区（或市政）管理可以通过强加在一些参与者身上的单边代理机构来实现，也可以通过所有行为者之间自愿达成的多边协议来实现。前者被看作"公共部门"的同义词；后者则是"私人部门"的同义词。"公共部门"由强制型管理模式构成。"私人部门"由所有的其他人员及其财产构成。

（二）强制型社区的制度创新

在这两种不同的管理模式下，都面临着如何将私人的个人选择转化为集体选择的问题，即公共选择问题。依据公共选择理论，人们通过民主决策的政治过程来决定公共物品的需求、供给和产量，要经过立宪、立法、行政和司法三个过程。第一阶段即立宪阶段，所进行选择的是制定根本性的法规来约束人们的行为；第二阶段即立法阶段，主要是在现行的规则和法律范围内展开集体活动；第三阶段即行政和司法阶段则是执行阶段，它将立法机构通过的法案具体付诸实施，并且执行各项决策。

研究者对不同方式的民主决策方法的效果与条件进行了分析。1962年，布坎南与戈登·塔洛克在其名著《一致同意的计算》中论证了在公共选择中，由于信息不对称，一致同意需要极大的成本。现实中的政治程序多采取间接民主制（代议制）或多数票原则（简单多数或比例多数）。然而，阿罗不可能定理说明，依靠简单多数的投票原则，要在各种个人偏好中选择出一个共同一致的顺序是不可能的。戈登·塔洛克认为，在现实世界中出现阿罗不可能定理所描述的投票悖论的概率很小，如果实际的多数投票结果确实靠近中间状态，则该结果将被大家所接受。1994年，休·史卓顿和奥查德的分析表明：由于投票过程中理想最优的一致同意的直接民主无法实施，实际中采取的间接民主投票仍不是理想的民主决策方式。间接民主投票存在以下缺陷：多数票规则难以获得均衡结果，多数票规则会导致对公共决策控制权的争夺，多数票规则会导致选民对公共选择活动的冷淡。

在强制型社区治理的实践中，多数票规则只是其中一种常见的规则。除此之外，还有其他决策方式。这些方式各有利弊，在不同时期成为主导性模式。

"一事一议"制度是指把涉及社区的重大事情，比如水电费收取标准、村里公共设施建设、村镇土地开发、宅基地占用、救济款物的分配、重大民事纠纷调解等等，先由社区"两委"开会集体讨论，确定议题或提出初步意见后，再交给村民代表进行"一事一议"，由村民代表讨论决定。在人员能够自由流动的情况下，社区居民无须隐瞒自己对公共产品的偏好程度，因为当其发现有人故意隐瞒并少承担成本，从而使不利于自己的决议获得通过时，他们还可以采用投票的方式退出该社区或组织，避免自身利益损失的情况发生。但在人员不能自由流动、投票机制难以发挥作用的情况下，会出现因个人需要承担公共产品的成本而不愿显示对公共产品的偏好的问题。在按照受益原则进行成本分摊时，人人为少负担成本而隐瞒偏好的结果必然是"一事一议"决议往往难以通过。

多数票通过规则是指一项议案或决策须经一半以上投票者赞成方可通过的一种决策规则。在社区事务特别是社区领导选举中通常会采取此规则。多数票规则在操作中又可以分为简单多数规则和比例多数规则。按照简单多数规则，只要赞成票超过一半，议案和决策就获通过；而按照比例多数规则，赞成票必须超过半数以上的特定比例（如2/3、3/4、3/5或4/5等），议案才可能获得通过。在采取多数票通过规则时，需要注意少数人的意见，保护少数人的利益不受损害。

全体一致规则是指行政决策方案的通过需要参与行政决策的全体成员都对某项行政决策方案投赞成票。在这种决策规则之下，一项行政决策方案的通过，取决于全体投票人一致同意，只要其中任何一个投票人投了反对票，其他人的一致选择结果就无效。在社区治理的现实中，全体一致规则实施成本过高，适用范围有限，其优点是排除了个人的策略行为，但坚持全体一致规则的结果有可能达不成集体决策。

（三）契约型社区的制度创新

契约型社区是指突破了社区只能是集体共有产权的假设，通过探索其他多种类型产权制度基础上的社区及其治理方式。这是社区治理在更高层面上的创新和变革。以下多种类型的契约型社区展示了其在提供公共物品方面的优势。

所有权社区是指一块大面积土地上的不动产综合体，由私人集团所有并经营，几乎没有任何公共部门的资助和管理。典型的所有权社区是"迪士尼世界"，它不仅是为游客提供服务的商业场所，它的基础设施和市政物品的供给与一个城市的社区并无不同。所有服务所需的资金都出自客人支付的使用费和租金。"迪士尼世界"证明了大型私人社区不仅能够提供市政物品，而且数量丰富、方式先进，具有独特的文化影响。所有权社区得以成立的条件是所在地区的法律能够赋予私人公司以法律自治权。

私有土地上利用场地租金为集体物品筹集资金的社区是指社区土地由一个非营利信托公司所有，该公司从租赁权中收取场地租金，建筑物分别由个人所有。租金数额由居民选举产生的评估员来决定，然后交给社区使用，其管理由大多数居民投票决定，旨在为社区的市政物品提供资金。信托公司还向县里支付财产税，包括建筑物税。由于每个承租人都与信托公司签订租赁合同，这一模式的社区市政物品是通过市场过程提供的。一个典型的私有土地上利用场地租金的社区是美国的阿登村，在该社区能够提供优于政府所提供的市政物品。相反，政府的一些政策恰恰限制了该社区市政物品的供给。

分套出售公寓是一个具有共同利益的社区，它由众多共同所有者组成。一个成员拥有对其单元房的全部所有权，拥有对这个共同财产不可分割的共享所有权。单元房的所有者通过成立"业主理事会"，起草了复杂的总契约及其附则。契约记录了单元房的面积、最初价值以及在共同财产中所占的利息百分比，这种利息百分比决定了每套单元房的所有者即业主在表决权方面所占的百分比。总契约对单元房的界限进行了详细的划分，确立了财产权以及单元房与联合会的支出划分。联合会举行年度会议，选举董事会并处理其他事务。董事会由单元房成员组成，是自愿性无报酬服务。董事会授权的委员会涵盖了建筑与工程、土地、停车场、游泳池、社会活动、安全保卫等方面。分套出售公寓不需要得到公共部门的支持，他们在内部筹集资金。

大型市民协会组织是一种大型的在总体上进行规划设计的契约型城镇。在这种社区里，所有居住财产所有者和居民都是协会的会员，协会通过选举产生董事会。协会的职能是：经营开放空间和设施；执行协会的契约；通过它任命的设计审查委员会对建筑物进行维护。成员拥有投票权和使用共同区域的权利，有责任遵守契约和规定，有义务支付评估资金。协会的契约涉及植物、垃圾、车辆、建筑物重建等。由于不存在百分比权益，家庭所有者协会的表决方式比分套出售公寓更为灵活。所有者按照契约规定向协会支付评估资金，不管他是否使用了共同区域，每套公寓单元房或每块场地收取相同的金额。这样做，会忽视在土地价值和租金方面的差异。

大都市里居民点组成的协会既是公共城市与私人街区、拥有所有权的居民点、住宅协会等多中心治理的结合，也是政府服务与私人部门的合作。在都市中有多个私人街区，私人街区对住宅实行统一收费，他们提供服务，包括街道维护、排水、扫雪、清洁、除草、树木修剪、街道照明、交通管制及进入限制、入口处标志和建筑契约以及垃圾收集、安全巡逻等服务。服务的不同组合使人们可以在市政物品供给的水平上对私人街区进行挑选。中低收入的居民点协会可以提供或促进当地的安全、建筑重建、垃圾处理等集体服务。消防区的私人街区之间有互相援助的协议，私人街区也成立了理事会，来提供服务并作为共同代理机构在上级政府中代表他们。

第二节　社区治理的主体及其互动机制

一、社区的多种利益相关者

社区的利益相关者是指那些影响和参与社区治理过程的组织和个人，通常包括政府及其派出机构、社区居委会、社区居民、业主委员会与物业公司、驻社区机构、社会组织等。

（一）政府及其派出机构

政府既是社区治理的指导者，也是社会公共服务的供给者、市民社会的培育者，还是社区自治组织的监督者。总体上而言，政府负责制定政策、提供公共资源和服务以及指导社区自治等。中央政府和各级地方政府阶段性出台的行政法规、指导政策和规章制度，明确了社区治理的基本原则和发展内容，逐步界定政府与社区间的关系，提供具体的政策建议。同时，政府通过直接配置或者以规章制度的方式引导资源向社区集聚，为社区治理提供所需要的物质资源和人力资源。此外，政府对社区治理进行持续性的指导，从社区自治组织的建立到自治组织的运行，从社区自治事务的规范和监督到对冲突的协调控制。

在实践中，对城市社区直接进行指导和监督的是街道办事处。街道办事处是市辖区或不设区的市人民政府根据行政职能的需要，经市人民政府批准，在某一指定区域内设立的代表机构，并接受市辖区和不设区的市人民政府的领导。它只是政府的派出机构，不是一级政府。根据《城市街道办事处组织条例》，街道办事处的主要职能包括办理市、市辖区政府有关居民工作的交办事项，指导居民委员会的工作，反映居民的意见和要求。改革开放以来，伴随着城市发展，一些街道办事处的工作任务拓展到30多个方面100多项，街道办事处"上管天（环保），下管地（环境卫生），既管老（老龄工作），又管小（幼托），管生（计划生育）、管死（殡葬改革）、管救济，还管教育和安置"。为实现这些职能，街道办事处一般设有行政办公室、社会治安综合治理办公室（司法科）、经济管理科、民政科、计划生育办公室、城市管理科、文教科（街道文化站）、财务科。

在农村，乡、镇直接指导和监督着农村社区的自治。乡、镇一头连着城市，一头连着农村，是中国最基层的行政机构。乡、镇承担着管理辖区内乡村各项政治、经济、文化和社会事务的职能，是农村经济社会发展的组织者和执行者。乡、镇政权在农村社会治理中发挥着促进农村经济发展、提供农村公共服务、维护农村社会稳定、发展农村民主政治、建设农村先进文化的重要作用。乡、镇一般设党委、人大、政府三个领导机构。内设机构实行"大办制"，将乡、镇原有内设机构按相应职能重新合并，成立3~5个综合性办公室，如党政综合办公室、经济发展办公室、社会事务办公室等。规模较小的乡镇只设一个综合性办公室。

（二）社区居委会

作为社区自治的组织者、推动者和实践者，社区居民委员会依法组织居民开展自治活动；作为党和政府联系社区居民群众的桥梁，社区居委会依法协助基层人民政府或其派出机构开展工作；作为社区居民利益的维护者，社区居委会依法组织开展相关监督活动，并及时反映社区居民的意见、建议和要求。社区居委会内部所设置的人民调解、治安保卫、公共卫生、计划生育、群众文化等委员会以及社区工作站、社会工作站等专业服务机构具体承担着不同的职能。农村社区的村民委员会具有与社区居委会类似的作用。

（三）社区居民、业主委员会与物业公司

城乡社区居民作为最重要的社区治理的利益相关者，不仅对于社区的形成和发展有着重要影响，对于社区其他组织的建立和运作也有着直接的影响。社区居民参与社区治理的渠道包括：通过加入社区居民代表大会、村民会议、城市社区的业主委员会等组织，参与社区决策；通过加入社区志愿者队伍，服务社区居民；通过加入社区各类草根自组织，增加社区活动；通过承担社区公共服务事务，成为社区公共服务的提供者。城乡居民也是社区治理的重要监督者，通过参与活动、提出意见和建议等方式确保社区治理的依法合规。

在农村，一个行政村由多个村民小组组成，包含多个自然村，有可能一个自然村就是一个村民小组，大的自然村也可能分为多个村民小组。自然村是人口自然聚集形成的村落，是祖辈们搬迁到此，然后繁衍生息形成的村落。自然村的经济组织命名常为"经济合作社"，自然村只有村主任，无村书记。自然村以及村民小组是在村民委员会之内的利益相关者主体，有其相对独立的利益。在有的情况下，自然村之间也会发生利益冲突，这些都需要村委会进行协调。

业主委员会是一种代表和维护全体业主不动产权利的群众自治性组织。1991年，全国第一个"业主管理委员会"在深圳万科天景花园正式成立。2003年国务院颁布的《物业管理条例》中规定了业主委员会的权利和义务。按照规定，业主委员会是在物业管理区域内，在房地产行政主管部门的指导下，由住宅小区业主选举产生，代表全体业主对物业实施自治管理，其运作经费来自维修基金。经过多年的实践，业主委员会已经成为社区多元主体中不可或缺的一员。虽然在修订

后的《物业管理条例》中将社区居委会置于业委会之上，规定社区居委会指导和监督业委会的工作，业委会也要在社区居委会的筹备之下产生，但是，在具体的社区中，业委会与社区居委会的关系则取决于业委会的运作状况。

物业管理公司是按照法定程序成立并具有相应资质条件，经营物业管理业务的企业型经济实体，是独立的企业法人。它属于服务性企业，它与业主或使用人之间是平等的主体关系，它接受业主的委托，依照有关法律法规的规定或合同的约定，对特定区域内的物业实行专业化管理并获得相应报酬。在《物业管理条例》的框架下，物业公司被赋予小区物业实质管理者的身份。大多数小区都是建管合一，开发商和物业公司之间形成了天然的关联。在这种体制下，物业公司从对房屋维修及设备的管理延伸到对水、电、气、暖的管理，甚至演化到对人和社区环境的管理，利用物业保安来维护小区的进出及安全。在社区治理中，物业公司也是一个重要主体，与社区居委会的工作存在着多方面的联系。

（四）驻社区机构

在城市社区中，驻社区机构包括社区范围内的行政单位和企事业组织，如学校、医院、派出所、超市以及受街道管辖的企业等。驻社区机构与社区居委会是"共驻共建、资源共享"的关系，具有互相协助的义务，具有互相监督的权力。一方面，驻社区机构在完善社区基础设施建设，提供人力、财力和物力等相关资源，拓宽社区服务内容，活跃社区文化，优化社区环境等方面发挥着重要作用；另一方面，社区居委会要为驻社区单位创造良好的工作、生产和经营环境。

（五）社会组织

"社会组织"一词是2007年在南京召开的全国社会组织建设与管理工作经验交流会上正式提出，并被写入中共十七大报告的一个具有中国特色的概念，意指政党、政府之外的各类民间性社会组织，主要包括社会团体、基金会、社会服务机构（即民办非企业单位）、部分中介组织以及社区活动团队。按照活动主体的不同，城乡社会组织可以细分为"社区内的社会组织"和"活动于社区的社会组织"。前者是指社区建立的、以满足社区居民需求为目标的、吸纳社区成员参与的社会组织；后者是指形成于社区之外，但主要在社区内开展活动的社会组织。具体来看，这些社会组织又可以细分为：传统群团组织，包括工、青、妇、团、残、老等传统群团组织以及在社区建立的相应协会；依法成立的各类社会组织，包括民办非企业单位、社会团体、基金会三类；社会体制改革过程中新产生的各类社会组织，如社区卫生服务站、民办学校、各种文体协会、宗教组织等。社区社会组织在社会治理中的角色和所具有的功能日益得到人们的认可，在提供社区服务、扩大居民参与、培育社区文化、促进社区和谐四个方面发挥独特作用。

二、社区利益主体间的关系

上述多个社区利益相关者都在社区这一场域中存在和活动，有着共同的利益，也存在着各自的目标。概括而言，这些利益主体之间主要有三种关系：委托代理关系、指导监督关系和市场供求关系。

（一）社区的权力委托代理关系

委托代理关系是一种所有权与经营权分离情况下的契约关系。委托人聘用代理人完成工作，代理人在委托人的授权范围内行使代理权，实施代理行为；委托人的利益依赖于代理人的行为；代理人以委托人的名义实施行为，但其行为的法律后果要由委托人承担。通常来说，代理人比委托人拥有更多的有关工作的信息（信息不对称），委托人难以观测到代理人努力工作的全部情况，代理人有可能会采取使自身利益最大化的行动。因此，委托人与代理人之间有可能出现利益不一致或者冲突的情况，需要通过不断完善或改变契约来建立有效的激励机制，实现委托人与代理人的利益相容。在社区层面，主要存在着两个类型的权力委托代理关系，一个是社区居民将自治的权力委托给社区居委会，另一个是小区居民将权力委托给业主委员会。

从理论上讲，居民是社区居委会权力的初始委托人。作为居民利益的代理人，社区居委会的主要职责是向居民提供最优质的公共产品和公共服务，同时接受居民的监督。但在实际的运行中，以街道办事处和乡镇为代表的城乡基层政府与社区居委会之间形成了一种"隐形"的委托代理关系。具体而言，街道办事处和乡镇为了完成上级政府分配的工作，形成了当前基层政府、社区居（村）委会和居民之间复杂的委托代理关系（图4-2-1），影响了社区治理的效果。

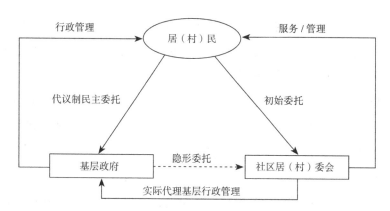

图 4-2-1　基层政府、居（村）委会与居民间的委托代理关系

在居民、业主委员会与物业公司之间存在着双重委托代理关系。按照《业主大会章程》规定，业主大会是小区物业管理的最高权力机构，其常设机构是业主委员会。业主委员会的主要职责是召集业主大会并执行其决议，聘用、监督、解聘物业管理企业，必要时代表业主进行维权。这是第一层面的委托代理关系，业主们将零散权力委托给业主委员会，业主委员会代理业主的权力。在此基础上，业委会与物业管理公司之间签订聘用合约，建立一种经济委托代理关系。业主们支付费用、获得服务，能够观察到服务项目、收费等外在形象，却无法观察到物业公司的管理行为，双方存在着信息不对称问题。业主通过业主委员会来激励物业管理公司，将物业公司的收入与其经营行为相挂钩，促使其提高经营质量。这种双重委托代理关系无法消除单个或某些居民与物业管理公司之间的矛盾，例如因为对物业服务不满而拒交物业费的冲突就经常发生。

（二）社区的指导监督关系

在社区各利益相关者中，还存在着一些法律上规定的指导监督关系。较为典型的是政府及其派出机关对居（村）民委员会的指导及监督，居（村）民委员会对业主委员会、物业公司的指导监督。这种指导监督关系由于缺乏明确的界定，在实践中往往会形成复杂和灵活的社会关系。

《居民委员会组织法》规定："不设区的市、市辖区的人民政府或者它的派出机关对居民委员会的工作给予指导、支持和帮助。居民委员会协助不设区的市、市辖区的人民政府或者它的派出机关开展工作。"《村民委员会组织法》规定："乡、民族乡、镇的人民政府对村民委员会的工作给予指导、支持和帮助，但是不得干预依法属于村民自治范围内的事项。村民委员会协助乡、民族乡、镇的人民政府开展工作。"除了"指导、支持和帮助"之外，在居民委员会的一些选举、履行义务等事项上，政府及其派出机关还有监督的职能。

在实践中，政府及其派出机关对居（村）民委员会的指导监督关系的模糊性认识容易导致自治组织变成政府的"行政末梢"。为此，《关于加强和改进城市居民委员会建设工作的意见》（中办发〔2010〕27号文件）中明确规定："普遍推行社区公共服务事项准入制度，凡属于基层人民政府及其职能部门、街道办事处职责范围内的事项，不得转嫁给社区居民委员会；凡依法应由社区居民委员会协助的事项，应当为社区居民委员会提供必要的经费和工作条件；凡委托给社区居民委员会办理的有关服务事项，应当实行权随责走、费随事转。逐步清理和整合在社区设立的各种工作机构，规范政府部门面向社区居民委员会开展的检查评比达标活动，大力压缩针对社区居民委员会的各类会议、台账和材料报表。"

需要说明的是社区工作站是街道办事处派驻到社区的工作机构，承担政府及街道办事处在社区的各项工作和公共服务。设立社区工作站的目的，就是通过建立一支专职社区工作者队伍，通过社区内组织、功能和资源的整合，通过开展社区行政管理和服务工作，保证社区居民的诉求有专人受理和服务，保证政府的工作有专人落实。社区工作站的主要职责有三项：

1. 行政性服务

主要是协助政府及有关职能部门开展好下列工作：办理失业卡、待业卡；失业人员就业安置；残疾证和残疾人家属农转非的申办；社区内失业人员及离退休人员管理与服务；居民收养证明；居民身份证和老年卡申领；直系亲属公房卡过户申办；外来人员暂住证申办；规划杂项工程申办；居民占绿手续申办及宠物类管理申办；流动和失业人员计生申请等。做好社区公益性资产管理工作，完成其他由街道办事处（镇政府）确定需要进入社区的工作事项。

2. 福利性服务

主要是协助政府及有关职能部门开展好下列工作：居民最低生活保障、社会救济金申办，失业人员失业金、救济金申办；民政对象、退休人员房租减免申办；特困对象家庭子女就读学杂费减免申办；社会救济对象的送养申办以及其他需要提供福利性服务的工作。

3. 社会化服务

主要是老年休养院、老年活动室、托幼服务、社区卫生服务、社区物业服务、社区志愿者服务以及辖区内各类中介服务组织的协调管理；社区服务信息网络协调管理；开展其他便民利民服务工作。通过"议行分设"，把不属于社区居民委员会工作职责的行政性工作分离出来，使社区居民委员会真正履行依法自治职能，更好地集中精力抓好社区自治管理。

社区居委会对业主委员会、物业公司的指导监督关系同样存在着模糊的边界和空间。具体而言，业主委员会有权决定是否选聘和解聘物业公司，并需要接受政府房管部门、街道办事处和社工委的指导和监督。社区居委会有权指导和监督业主委员会和物业公司，同时又需接受街道办事处和社工委的领导。物业公司受业主委员会的制约，并需接受政府房管部门、街道办事处、社工委和社区居委会的指导和监督。在实际运行中，由于利益目标和工作空间不同，这种指导监督关系呈现出复杂多变的特征。社区居委会聚焦于处理好居民社会关系，目的是追求社会效应；业主委员会聚焦于改善居民生活环境，目的在于寻求社区居民认同；物业公司聚焦于社区物理环境，目的在于获取经济利益。

（三）社区的市场供求关系

市场供求关系是以契约为基础的交换关系，在一定程度上也可以看作经济委托代理关系。近年来，市场力量和市场主体逐渐参与到城乡社区公共事务的决策和管理过程中。概括而言，社区中存在着三大类型的市场关系：一是社区开发商和住房所有者之间的市场关系；二是社区居（村）委会与各类社区服务提供者之间的市场关系；三是业主委员会与物业管理公司之间的市场关系。市场关系的显著特点是契约双方的平等性和交易目的的经济性。在社区治理中，市场供求关系所发挥的作用越来越大。

将市场供求双方联结起来的是不同类型的市场化治理工具。社区中常见的市场化治理工具主要包括：

1. 民营化

民营化是指政府通过承包或出售的方式将自身拥有的职能转交给企业或者私营机构，以此提高经营效率。城乡社区的一些集体资产的运营同样可以采取民营化的创新做法。

2. 用者付费

用者付费是指受益者为了取得一定的收益权而向公共部门支付一定费用，这是一种承包补偿。在社区教育、社区公共图书馆、通信网络、公共交通等社区准服务上可以根据不同的属性特点，采取用者付费的形式和定价策略，一方面弥补社区服务开支的资金缺口，另一方面也能满足不同社区居民的个性化需求。

3. 合同外包

合同外包是指政府与私营部门、非政府组织、非营利组织等签订合同，将某些公共服务和产品的提供权转移给私营部门等组织。当前社区以合同外包形式提供的产品和服务主要涉及社区垃圾处理、社区婚介服务、社区职业介绍服务、社区综合服务、呼叫网络、社区绿化等。

4. 特许经营

特许经营是指政府授予某一组织向公众出售其服务和产品的一种具有排他性的权利。这种市场化工具可以应用到社区水电气供应、有线电视、社区垃圾收集和处理、社区文体馆所、公共空间经营等领域。居家养老服务中心、社区服务发展中心、社区卫生服务中心等通常采取"建设—经营—转让"模式。

5. 补贴和凭单制

补贴和凭单制是指政府以资金、免税或其他税收优惠、低息贷款和贷款担保等方式向生产者提供的补贴。例如，对提供诸如文化、教育、卫生服务、民办社区护理、照顾服务等社区准公共服务的主体，政府可以采取补贴。凭单则是政府发给消费者的一种有价消费券，是对特定消费群体的补助。凭单可以用于社区的食品、住房、医疗服务、儿童保育、家庭护理等多个领域。

6. 政府购买服务

政府购买服务是指政府通过公开招标，有针对性地以委托和招标方式将原先政府承担的公共服务转移给生活组织、企事业单位等。

目前，政府采购服务主要使用三种方法：政府采购、公益创投和自行委托。在社区治理中，政府采购服务的领域包括社区智能平台建设、调查调研课题、老人护理、社区活动等。

三、社区主体间的互动机制

多个社区利益相关者，形成了多种社会关系。在实际运行中，主要采取了行政管理机制、民主协商机制和市场竞争机制，反映了背后的政治逻辑、商业逻辑和公益逻辑。

（一）行政管理机制

虽然社区是一个自治组织，但是由于存在着基层政府对社区的隐形委托代理关系，所以行政管理机制依然在社区的一些事件中发挥作用。行政管理是指行政组织依靠自己的权力或权威，通过制定各种决议、决定，下达各种命令、指令性计划，规定各种规章制度、纪律、工作程序、标准等办法来协调行政组织之间、行政工作人员之间的关系，或维持某种秩序，从而保证完成组织预定目标的一种管理方式。行政管理可以使行政信息通过纵向途径迅速传递，使各种管理办法和措施较快发生作用；它能够集中统一又灵活自如地调配人力、财力和物力，保证政府工作重点的实施；它还有效地保证了行政组织内部上下左右之间在行动上的协调一致，保证了国家对社会生活的有效控制。

行政管理的机制主要包括任务下达机制和绩效考核机制。任务下达机制是指基层政府对社区（村）党支部和居（村）委会布置各项具体任务，并明确完成时间和标准。绩效考核机制是指依据特定时期的任务，设置目标和绩效，对社区（村）党支部和居（村）委会和社区工作人员进行考核，考核结果与个人的绩效工资、评优评奖以及职务聘用相挂钩。因此，只有当社区绩效考核的指标聚焦于社区服务上，才有助于推动社区治理的持续深化。

（二）民主协商机制

民主协商是基层民主实践中常用的形式，主要表现为民情恳谈会、民主沟通会、民主理财会、民情直通车、便民服务窗、社区议事会、居民论坛、乡村论坛等。通过开展基层民主协商，在达成共识的基础上作出符合公共利益的决策。一个良好的民主协商需要建立一个让基层群众、组织和社区等利益相关方能够表达意见、协商讨论的制度化平台；需要有一条与社区居民协商沟通的有效渠道，有一种由社区居民参与决策的规范程序，有一套政府领导下的专家论证、群众参与的科学机制。

在实践中，各地社区已经探索出了"N位一体的联席会议"的工作协商机制和"1+N+X"的民主协商机制。所谓"N位一体"是指由社区党组织、居委会、业委会、物业管理公司和派出所等相关利益主体共同协商社区事务，共同开展社区服务的模式。"1+N+X"是指村（社区）协商委员会，其中"1"为协商委员会主任，固定由村（社区）党组织书记担任；"N"为成员，从七类人员信息库中动态产生，涵盖了村（社区）"两委"与监督委员会成员、两代表一委员、村（社区）代表、社工和社会组织成员，以及驻辖区单位代表和专业人士等；"X"为利益相关人员。每开展一次协商，便组建一个协商委员会。

（三）市场竞争机制

随着社会组织等利益相关者在社区治理中的参与，社区治理中的市场竞争机制得到广泛的应用。概括而言，社区中的市场竞争机制主要包括价格引导机制、契约规范机制、信用维护机制、信息披露机制和评估监管机制。在这些机制的共同作用下，多种市场化治理工具在社区得到有效利用，不仅提升了社区治理的效率，也促进了社区的全面发展。

价格引导机制是指通过同质比价、分级定价、优胜劣汰的方式促进社区服务品质的提升。例如，社区可以根据不同的服务类型和公共产品的性质采取差异化定价策略。对于维修、家政、洗衣等社区生活服务的存量市场，可引入多个市场主体，提高行业的竞争水平，提高社区服务市场的透明度，敦促企业主体提高服务质量和效率。

契约规范机制是社区通过与其他市场主体签订契约，以契约为依据传递市场信号、确定服务质量标准、规定激励条件和措施等。例如，当前许多物业管理公司与居民之间的矛盾，通常都是由于契约中的服务规范和标准的不完善和双方理解的差异造成的。通过完善契约规范机制，可以有效减少社区内的纠纷。

信用维护机制有助于减少合作成本，实现持续的市场合作。政府在社区信用体系建设中主要发挥政策扶持、维护市场秩序和营造诚信氛围的作用；市场主体要做好经营和管理，进行项目互动和合同履行；社区居委会主要负责提升社区居民的诚信意识、提高诚信体系建设的参与度。

加强对物业管理公司、专业化的社区综合服务运营商、社区化社会企业等市场主体的信息披露，有利于利益相关者更好地作出决策和监督。信息披露机制可以分为自愿性信息披露和强制性信息披露。自愿性信息披露是指市场主体基于自身形象、管理者声誉、赢得社区消费者满意等目的，主动发布信息。强制性信息披露是指按照相关法律法规要求必须进行的信息披露。对于参与社区治理的市场主体而言，主要是鼓励进行自愿性信息披露。对于一些社会性很强的项目，也需要采取强制性披露方式。

建立有效的评估和监管机制是维护社区成员共同利益、增加社区成员福利的重要措施。政府通常对承担社区服务项目的市场主体的品质、所提供社区服务的目标、执行方案、项目绩效、服务质量、居民满意度等进行全面的评估和监管。为了尽可能地客观中立，政府通常会引入第三方评估机构全程监控社区服务项目的进展情况。同时，政府也要调查社区居委会、业委会、社区居民等主体的积极性，广泛参与到社区治理的市场监管中。

第三节　社区人力资源的开发与激励

一、社区人力资源的需求

社区人力资源主要包括具有创新精神和才能的社区领导者、具有专业技能的社区工作者和大量热心的社区志愿者。确定社区所需人力资源的数量和特征，是进行有效开发的前提。

（一）社区领导者

社区领导者是指在社区发展和治理中能够发挥主导性作用的社区自治组织成员。在中国的制度体制下，社区书记、社区主任以及"两委委员"通常都会影响到社区的重大决策和发展方向。特别是社区主任，作为社区居民投票选举的结果，对于社区发展和治理有着重要的影响。社区领导者的工作是由一系列创新行动构成，关系到千家万户的生活福祉。从宏观上来说，社区领导者的行为在一定程度上影响着一个国家现代化的实现状况。

对于社区领导者的角色，有不少理论研究进行了总结。例如，美国学者鲁宾等人基于国际经验为社区组织者界定了四个角色：第一，教育角色，即社区组织者必须坚信社区增进人类能力的目标，动员和鼓励居民参与到社区发展中。第二，催化角色，即社区组织者找出社区重要的共同问题，动员彼此不认识的人们一起去行动。第三，促进角色，即社区组织者需要维系社区工作的可持续性，促进社区组织成员的积极性和热情。第四，桥梁角色，即联系居民的能力，在各组织、组织成员以及社区之间进行沟通的能力，创造有效的组织结构以解决问题的能力。

对于社区领导者的数量需求，相关法规有着明确的规定。对于社区领导者的能力素质需求，一些文件也有提及。例如，《关于加强和改进城市居民委员会建设工作的意见》（中办发〔2010〕27号文件）中就曾要求："在符合相关法律法规规定的前提下，各地要对居民委员会成员候选人的资格条件作出规定，引导居民把办事公道、廉洁奉公、遵纪守法、热心为居民服务的人提名为候选人。""鼓励党政机关、企事业单位在职或退休党员干部、社会知名人士以及社区专职工作人员参与社区居民委员会选举，经过民主选举担任社区居民委员会成员。"不过，从促进社区创新和发展的视角来看，社区领导者的能力需要主要体现在以下三个方面：

第一，社区领导者要有很高的灵性资本积累，也就是说社区领导者能够认识到社区发展的重大意义，并且能够将社区发展作为自己的使命来对待。这样的意义和使命决定了社区领导者应具有创新性解决社区发展问题的动力。在社区治理重大转型时期，大量的问题没有现成答案，而是需要社区领导者的主动的制度创新、组织创新和技术创新。如果没有很高的灵性资本，也就缺乏必要的创新动机。第二，社区领导者需要有一定的工作经验积累。无论这种工作经验来自对企业的管理运营，还是来自政府部门、社会组织，都能够为社区治理提供必要的基础。第三，社区领导者需要一定的专业知识。除了基本的法律政策知识、管理运营知识外，社区领导者还需要掌握基础性的社会工作知识。这是因为社会治理的本质是提供更高水平的服务，社会工作能够提供专业化的服务。

（二）社区工作者

社区工作者是指在社区党组织、社区居委会和社区服务站专职从事社区管理和服务，并与街道（乡镇）签订服务协议的工作人员。社区工作者是社区治理的重要组成力量，也是直接面向居民提供服务的人员。他们的能力素质和言行举止直接反映了社区自治组织的态度，影响着社区服务的质量和效果。在中国，许多地方也一直积极推动社区工作者掌握并应用社会工作专业理念、知识与方法参与社区管理与服务。例如，《民政部财政部关于加快推进社区社会工作服务的意见》（民发〔2013〕178号文件）中提出："大规模培养和使用社区社会工作专业人才队伍。坚持提升存量与扩充增量、专业培训与知识普及相结合，建立健全社区社会工作专业人才培养制度。"

作为专业的社会工作者，不仅需要接受过专业教育，具有社会工作执业证照，还要从属于专业组织或协会，以社会工作为职业，受到社会工作道德伦理和职业守则的约束。从这个标准上来看，目前中国社区中的专业社会工作者的比例还不高，而且全国专业社会工作者的存量也远远达不到社区工作者的需求数量。因此，当前主要任务是鼓励社区工作者考取社工师资格证，逐步提升社区工作者的专业化水平。

从社区工作者的年龄、学历水平和专业背景来看，当前社区工作者变得日益年轻化、高学历化和专业化。有调查表明，在一些城市2/3的一线社会工作者年龄都在35岁以下，80%以上都是大学以上学历，有的甚至是硕士或博士，其中有很多是社会学或社会工作专业毕业生。不过，这并不表明对当前社区工作者已经没有了需求。事实上，就社区治理和发展的任务而言，在社区工作者的能力素质上还有一些重要的需求。这些需求主要包括：一是社区情怀，即社区工作者不仅要将社区治理当作一份工作，还应当作自己的事业；不仅要对社区居民有感情，还要对社区发展有情怀。二是专业认同，即对社会工作专业知识的掌握和专业伦理的认可。只有确立了较高的专业认同，才能够在日常工作中应用专业知识，获得专业成就感。三是应用技能，即能够实际应用的知识，而不仅是知道一些书本知识。许多具有创新性的工作技术、流程和方法都是社区工作者在实践中发现和提出的，能够将知识转变为技能是对社区工作者能力素质的一种需求。

（三）社区志愿者

社区志愿者是指不为获取物质报酬的情况下，为改进社区而奉献个人时间、技能和精力，提供服务的人。在现代社会中，虽然人们频繁地从一个社区迁移到另一个社区，但对居住地都怀有强烈的邻里互助意识和环保意识，并且积极地参与到社区的各项活动中去，这些人通常都是志愿者。在一些发达国家，志愿者总数占到国民的 30%，有的高达 60%，社区志愿者已经成为促进社区发展的一种重要力量。志愿服务活动已经成为这些国家加强公民道德教育和维护社会稳定的有效形式。

近年来，有关部门越来越重视社区志愿者队伍的建设。例如，《国务院关于加强和改进社区服务工作的意见》（国发〔2006〕14 号文件）提出："积极组织开展社区志愿服务活动。培育社区志愿服务意识，弘扬社区志愿服务精神，推行志愿者注册制度。积极动员共产党员、共青团员、公务员、专业技术人员、教师、青少年学生以及身体健康的离退休人员等加入志愿服务队伍，优化志愿人员结构，壮大志愿人员力量。"《民政部财政部关于加快推进社区社会工作服务的意见》（民发〔2013〕178 号文件）也提出："志愿者队伍是社区社会工作专业人才开展服务的重要补充力量。""社区社会工作专业人才要以志愿服务项目为载体，充分调动社会力量广泛参与社区事务，丰富社区服务资源，凝聚社区建设合力，最大限度实现社区共驻共建共享。"

由于不同社区所开展的志愿服务活动内容有所不同，因此在志愿者需求上也有所差异。但是，就当前中国社区对志愿者需求的总体情况来看，主要有以下几方面特点：一是在志愿者数量上，是越多越好。二是在志愿者的年龄构成上，更需要年轻人参与到社区服务中来。因为在大多数社区内日常参与活动的主要是老年人和儿童，缺少中青年的参与。三是在志愿者的能力素质上，需要有各种各样专业技能的志愿者，他们的专业技能将在社区服务中发挥重要作用。四是在志愿者的观念上，需要具有较为强烈的志愿精神，并将参与志愿服务作为自己的理想追求。

二、社区人力资源的开发方式

人力资源开发是指通过有效的人才岗位设计，在尽可能广大的范围内发现和招聘适合的人才。对于社区而言，需要采取积极有效的开发方式，发现和聘用能够促进社区创新发展的社区领导者、社区工作者和志愿者。

（一）社区领导者的开发方式

确定需求是开发社区领导者这一特殊人力资源的前提。在明确所需要的社区领导者应具有的灵性资本、工作经验、专业知识后，就需要采取一定的方式和方法来发现和选择。作为一个自治组织，社区在其领导者选择上所重视的应是社区治理目标能否实现，而非个人的身份归属。因此，社区领导者的选择范围可以更加宽广，社区领导者的选择方式也可以更为多样。具体而言，常见的社区领导者的开发方式有以下几个类型：

1. 在创建新社区中涌现出的社区领导者

虽然大多数的社区都存在很长时间了，但在快速城市化的进程中也不断地出现一些新的小区或者是社区，这些新的小区或者社区在形成过程中，会涌现出一些热心小区或社区事务、有经验有能力的居民。他们无论是在建立小区或社区的规章制度还是在组建小区业委会的过程中都能够积极参与，可以成为社区领导者的合适人选。此外，随着社会的发展，会有一些观念和生活方式相同的人寻找建立新的社区，或者是为了互助养老，或者是为了发展某种产业，这样新建立的小区或者社区将在产权制度上实现创新，也必然会在社区的管理上形成新的模式，在社区领导者的选择上采取新的方式。

2. 在公开竞选中脱颖而出的社区领导者

现在最多采取的方式是通过公开竞选来让优秀的社区领导者脱颖而出。随着各地实践经验的积累，这一方式在程序上也将日益完善。不过，对社区治理目标理解的差异会影响公开竞选的标准。当把社区自治、社区发展和服务创新作为社区竞选的标准时，就会对竞选者的动机、经验和能力有新的要求。这与以完成政府任务为导向的竞选标准是不同的。

3. 从社区工作者中成长起来的社区领导者

社区工作者中不仅有一些具有专业技能的人，也有很多具有社区情怀的人。他们通过社区工作的实践锻炼，具备了社区治理和创新发展的能力素质，也具有了促进社区发展的责任感和使命感。通过鼓励和引导这些社区工作者按照法定程序成为社区领导者，将能够在促进社区治理中发挥有效作用。

（二）社区工作者的开发方式

社区工作者的开发一方面要依据社区治理的需求特点，另一方面则要重视社区工作者的职业发展。从社区治理的需求特点来看，要求社区工作者具有社区情怀、专业认同和应用技能；从社区工作者的职业发展来看，则要从薪资水平与专业成就两方面结合起来设计人力资源开发方式。具体来说，要让社区工作者既能够获得与其劳动付出相一致的薪酬水平，也要为其专业资质的持续提升提供平台。虽然与一些企业相比，社区工作者的薪酬水平可能并不算高，但是要能让社区工作者有一条持续提升的职业发展道路。社会工作的专业水平以及职业资质不仅能够为社区工作者带来稳定增长的薪酬，而且还可以带来很强的专业荣誉感和职业成就感。在此基础上，社区工作者的开发方式主要有以下几种：

1. 用新的标准面向社会公开招聘

面向社会招聘社区工作者的优势是可选择的对象较多，可以招聘到大量年轻的高学历的人员。但是要让这些应聘者能够适合社区治理的需要，还应该在现有的招聘条件中增加对社区情怀、专业认同方面的要求，同时在招聘时重视对应用技能的测试。要将具有社区情怀和专业认同作为关键条件，而不是将年龄和学历作为重要条件。招聘到热爱社区工作的人员要比仅有高学历的人员对于社区更有价值。

2. 通过培训引导，从志愿者中间转化

广大志愿者既是社区发展的重要支持力量，也是社区工作者的来源之一。志愿者的最大优势是他们具有很强烈的志愿精神，也具有一定的服务能力。通过有计划地培训和引导，从志愿者中发现和招聘一些有志于社区治理和创新的人作为专职社区工作者。事实上，《民发〔2013〕178号文件》就提出："对有从事社会工作职业意愿且符合条件的优秀志愿者，在其通过社会工作者职业水平考试并经登记后，优先录用到社区社会工作专业岗位。"

3. 从居民自组织的发起人中提升

社区自组织通常都是居民中间发育形成的草根型组织，他们的发起人通常在居民中有威信，有一定组织能力和公益心。这些自组织的发起者不仅可以带来一些自组织和活动的发展，也能够成为社区专职工作者的来源。通过倾向性的招聘条件，可以将一些自组织的发起人提升到社区工作者的角色地位上来。

（三）社区志愿者的开发方式

依据社区在志愿者需求上的特点，可以采取多样化的志愿者开发方式。这些志愿者开发方式的共同之处在于，一方面重视志愿者所具有的志愿精神，另一方面则重视发挥志愿者所具有的专业技能。只有这两者得到有效结合的志愿者才能够为社区提供有效的服务。由于志愿者不需要付出物质回报，因此在招募时更应该拓宽渠道、设计好招募方案，采取积极有效的招募方法。

概括而言，在社区志愿者的开发上，一是要面向广大居民，深入了解社区居民的个人理念和专业技能，激发和引导他们树立建设共同家园的愿景，为他们参加志愿服务提供便利条件。二是面向学生群体培养社区志愿者的生力军。学生群体思想活跃、精力充沛、热心公益，他们可以利用假期来参与到社区服务中，一方面锻炼自己的能力，另一方面也有助于通过社区了解社会的发展。三是面向驻社区机构招募志愿者。驻社区的企业、学校、医院等机构与社区有着多样化的联系，其成员具有特定的专业技能。通过积极沟通合作，设计有利于双方需要的志愿服务项目，招募大量驻社区机构成员成为社区志愿者。

三、社区人力资源利用效率的提升

在社区人力资源招募之后，就进入社区人力资本积累时期。人力资本积累的方式主要包括对个体的激励、专业分工和培训、促进团队协作等。通过这些措施，可以让社区人力资本的利用效率得到持续提升。

（一）建立有效的激励机制

现代激励理论是从工商企业的营利性机构管理实践中发展起来的。自从20世纪二三十年代以来，国外许多管理学家、心理学家和社会学家结合现代管理的实践，提出了许多激励理论。早期的激励理论主要研究人们需要什么，根据什么才能激发调动起工作积极性的问题，被称为内容型激励理论。主要有马斯洛的需求层次理论、赫茨伯格的双因素理论和麦克利兰的成就需要理论等。马斯洛需求层次论就提出人类的需要是有生理需要、安全需要、社会需要、尊重需要和自我实现需要多个等级层次的。赫茨伯格的双因素理论是指，让员工非常不满意的原因是"保健因素"，能够使员工感到非常满意的是"激励因素"。麦克利兰则认为，在人的生存需要基本得到满足的前提下，成就需要、权利需要和合群需要是人的最主要的三种需要。

随后，社会上兴起了过程型激励理论，研究从人的动机产生到最终采取行动的心理过程。例如，弗鲁姆的希望理论认为，一种激励因素的作用大小取决于激励因素所能实现的可能性大小和激励因素对其本人效价的大小。亚当斯的公平理论则认为，一个人对他所得到的报酬是否满意，不是只看其绝对值，而是进行社会比较和历史比较，看其相对值是否公平。

第三个方面的激励理论被称为行为改造型激励理论，主要研究改造和转化人们的行为，使其达到目标的一种理论。例如，亚当斯的挫折理论分析了"挫折"情绪产生的原因。斯金纳的强化理论认为，如果行为是好的结果，这就能对动机起正强化作用，即能使人的行为得到加强和重复。

相比管理学、心理学、社会学和具有实用性的激励理论而言，经济学对于激励理论的研究更倾向于提出一般化的理论模型。代表性的激励理论通常是从委托—代理理论出发，分析在不同信息条件下行为人的选择。这一研究通常假设委托人和代理人双方同时采用最优的行为以最大化各自效用的函数。给定委托人设定的契约，代理人选择产量以最大化自己的效用。委托人虽然不知道代理人的私人信息，但对于该信息的概率分布是双方的共识。从这些假说出发，研究者需寻找能够同时满足激励相容约束和参与约束的资源配置方式。

依据上述激励理论，目前政府和社区组织不仅重视社区工作者的多层次需要和激励，而且也考虑到了激励所包含的期望、公平等因素，采取了多样化的激励措施。多种政策文件提出了福利待遇、政治待遇、表彰荣誉、社会地位等激励措施。考虑到不同人力资源的特点，在社区激励机制上应该有针对性地进行设计，促进社区人力资本的持续提升。

一是在社区领导者的激励上，重视事业成就和政治待遇。社区领导者的突出特点是具有较为强烈的社区使命感和创新能力。对于他们而言，最重要的激励不是薪酬，而是能够在社区层面上作出事业，实现社区发展，得到居民的认可。特别是当一些具有丰富社区治理经验的领导者走到政府部门的相关工作岗位上时，能够将他们的经验应用到更多社区中，促进社区治理的整体提升。

二是在社区工作者的激励上，重视专业成长和薪酬待遇。目前大部分地区社区工作者的工资由基本工资、职务年限补贴、奖金和其他待遇四部分组成。需要在激励机制中提高社区工作者专业能力的占比，通过激励社区工作者不断提升自己的社会工作专业资质及职业等级，从而带动他们的薪酬待遇可以持续快速地增长。

三是在志愿者激励上应重视社会荣誉和能力培训。对于大多数志愿者而言，参与志愿服务是为了获得更多的社会荣誉和服务经验，以及将来的互助。因此，除了现有的对志愿者采取的"时间银行"激励机制外，还应重视对志愿者的技能培训。一方面提供稳定的通识培训，让志愿者能够重视志愿服务的概念意义、服务方式、服务机构、服务理念和服务心态等；另一方面要开展针对性的技能培训，让志愿者能够掌握精神病服务、环保服务、医院探访等专业的服务领域技能。

（二）推进专业分工和培训

在合理的激励机制引导下，社区人力资本的持续提升就进入了专业化发展阶段。通过采取专业化分工，使得每一位社区工作人员都能够积极而稳定地提升思想认识水平和工作技能。概括而言，主要应采取下列的分工和培训：

一是科学区分社区领导者、社区工作者和志愿者之间的专业分工。社区领导者主要面对社区治理的难题，进行制度层面的创新，以创新来实现社区治理的改善。社区工作者则分工进行具体技术和方法层面的创新，在日常的服务中发现有待改进的地方并提出改进方案。志愿者主要是提供具体的服务，通常来说是努力地执行服务内容，创新不是主要目的。基于上述的分工，一个社区才能够在治理过程中有效地实现制度创新、技术创新和服务提供。

二是在社区中的专业委员会和服务内容的基础上进行专业化分工。社区居（村）委会通常需要针对不同的问题，设立专业委员会。同时，社区工作者和志愿者也要分工负责不同的服务项目。为此，应结合个人的特长和职业发展，为每一位社区工作人员确立专业发展方向，鼓励其在做专业工作的同时不断提升专业技能。

三是通过针对性的培训提升专业化能力。无论是社区工作者、志愿者还是社区领导者，都要持续性地开展培训。要提高培训的效果，需要合理安排培训时间，将一个培训项目拉长到数年进行，同时将培训与日常工作紧密结合起来，不断丰富培训形式，如促进研学创新、鼓励团队学习竞赛等。

（三）持续提升团队协作水平

社区人力资本的提升不只是单个员工的事情，而是需要提升团队整体的水平。专业化分工的目的是实现协作，获得"1+1>2"的效果。这就意味着，社区的人力资源开发和激励是一个系统工程，追求的是总体成效。为此，需要重视以下几点：

一是要树立社区就是一个团队的观念。社会治理不是依靠哪一个人来完成，而是一个团队持续不懈地推进。作为一个团队，不仅需要有相同的社区发展愿景，还要有相近的伦理价值以及相互补充的专业技能。当每一位社区成员都具有团队理念后，社区的效能才能够得到最大限度的发挥。

二是不断促进社区内部成员的交流协作。社区的领导者与社区工作者、志愿者不仅在工作任务上有差异，在各自的价值追求上也有所不同。在此情况下，促进社区内部成员的交流协作是建立团队的重要基础。只有在人格平等、相互尊重的基础上，以共同的事业和认可的规则为牵引，才能够持续提升社区内部成员的团队意识。

三是积极容纳社区外部组织和人员的加入。社区团队是动态的，而不是排外的。对于任何希望加入社区治理，并对社区治理有所贡献的社会组织、驻社区机构、个人，都应该积极欢迎他们融入社区的团队中来，成为社区治理团队的合作伙伴。只有这样，社区团队的力量才会越来越大。

第五章　社会学理论在教育领域中的应用

社会学理论被分化成许多专业化的兴趣关注点，而这些关注点只是在一定程度上联系在一起。本章内容为社会学理论在教育领域中的应用，论述了教育组成要素的社会学分析、社会学视域下的教育变革、高等教育系统中的社会学。

第一节　教育组成要素的社会学分析

一、班级组织的社会学分析

在学校中，班级组织属下位组织，它既是开展各种教育、教学活动的基层单位，也为学生具备社会性和发展个性提供了主要环境。然而，在某些时候，学校组织的特征中是不包括班级组织的特征的，所以，针对班级组织的社会学分析就显得很有必要。通常来说，主要通过三种视角来进行班级组织的社会学研究：其一，"群体"角度的分析，代表人物是美国早期教育社会学家华勒，也就是将班级视为一个特殊的社会群体；其二，"社会系统"角度的讨论，代表人物是美国社会学家帕森斯，也就是将班级看作一种特殊的社会系统；其三，将班级看作一种"社会组织"。三者中，"社会组织"是班级的首要特性，班级首先并一直是一种社会组织，先有班级的建立，再有班级社会群体及班级社会系统的形成。

（一）班级组织的特点和功能

在研究班级组织之前，我们需要确定班级组织的成员。现在，关于构成班级组织的成员，主要有三种看法，即班级组织的成员是班主任与学生，或仅有学生，或班主任、学生、任课教师三者皆有。我们在这里认为，作为一种社会组织，班级是有特定的机构、规范和目标的。在这三种看法中，学生是班级组织的成员，而教师不是。在确定成员之后，我们还需要了解班级组织的特点、功能等问题。

1. 班级组织的特点

作为一种社会组织，班级是有自身的特定机构、规范和目标的，这就决定了班级组织具有特殊性。一般情况下一个班级会划分为几个小组，每个小组设立小组长，不同的学科设立专门的课代表，并且班级中还有少先队组织或共青团组织等。班级中的每个学生都有自己的相应位置，而作为社会代表者，教师是高于班级组织机构的。就班级组织的规范而言，为了维护班级正常教育教学活动，在班级中制定并执行了各种正式的规章制度，学生是班级规范所约束的对象，这也是学生的一种规范。就班级组织的目标而言，虽然班级组织自身有不少具体的目标，但是学生的自身发展才是班级组织的最终目标。总的来说，就是应将班级组织视为一种社会组织，因为它具备了一般社会组织应该具备的基本特征。

班级组织也叫作学生组织，与成年人相比，班级组织成员的社会独立性和社会责任性不足；另外，班级组织主要是用来学习社会，而并非参与社会。由此，可将班级组织的特点归纳为四个方面。其一，班级是在成年人指导下由未成年人组成的组织。也就是说班级成员通常是未成年人，缺乏法律意义上的社会责任能力，需要成年人从旁指导其成长、成才。其二，各种群体存在于班级内部，也就是班级内部存在各种人际关系的组合形态。其三，"人格化群体"是班级的外部表现。班级总是通过"班风"将自身很明显的文化、心理等体现出来。其四，班级具有发展性和可塑性。在班级刚形成的时候，都只是一个偶然联合的群体，比较松散，然而，经过发展，班级能够成为一个团结合作、有凝聚力的班集体。

2. 班级组织的功能

班级组织与其他社会组织并无二致，也具备一定的功能。美国社会学家将班级组织的功能划分为两类，即社会化功能与选择功能。班级对学生能力与责任感方面的培养功能，就是社会化功能；班级对学生之间差异的形成和鉴别，并提供依据支持社会结构补充各种成人角色的功能，就是选择功能。在冲突论者看来，因为成人文化与学生文化不同，所以在有着成人社会价值观念的学校工作人员与那些需要被控制、被约束的学生之间，是有一种权力争斗存在的，而为了适应资本主义的发展，学校要为社会培养诚实守纪的劳动者，这被视为班级强制功能隐形的力量。

还有一些学者补充了以上观点。如中国台湾学者陈奎憙以此为基础，另外增加了一项"照顾与保护的功能"[①]；在学者卫道治等人看来，还应加上"人格化或个性化的功能"，也就是发现存在于每个学生个性中的隐性差异及其形成条件，再由隐性差异确定可能塑造的方向[②]；在学者吴康宁看来，作为一种社会组织，班级组织具有自功能性和半自治性两个特征，其明显与其他社会组织的特征不同[③]。结合上述各位学者的观点，我们提出班级组织主要有以下几方面的功能：

（1）社会化功能

在推动学生实现个体社会化方面，班级是一个重要组织。从方式来说，因为以遵循社会要求为前提，并以学生身心发展的水平选择为依据设计出班级组织社会化的组织、内容、方法和目的等，所以，实现班级组织的社会化功能是一个有组织、有计划、有目的的操作过程。从内容来说，班级组织的社会化功能的内容主要有：根据社会需要和教育目标，教育并引导学生形成正确的世界观、人生观、审美观，以及树立正确的理想和道德等；传授系统的科学文化知识，使学生掌握基本的社会生活技能；另外，班级组织还提供条件以便培养学生的交往能力和社会实践能力；班级组织的形成使得学生逐渐融入并适应社会生活，在家庭之外学会独立。所以，通过学生的社会学习和交往活动，班级组织的社会化功能能够对社会要求与学生个体发展水平之间的相互作用进行动态的调节和控制，从而使学生从一个自然有机体转变成社会成员。

（2）个性化功能

班级组织兼具社会化功能和个性化功能。假如说遵循社会要求教化、定向和控制个体的社会同一性是班级组织对学生的社会化功能的主要体现，那么，遵循儿童身心发展水平和规律，培养学生个性形成并发展就是班级组织对学生的个性化功能的表现。发展人的个性，是社会和个人发展的共同需要。所以，在班级教育教学过程中，为了帮助学生个性地发展，教育者要将社会需要和教育目标相结合，采取多样化的教学内容与个性化的教学方法，培养和发现每个学生的潜能与特长。

① 王国勇 . 教育的社会学研究：基于教育社会学的理论视角 [M]. 北京：光明日报出版社，2015.

② 同 ①.

③ 吴康宁 . 教育社会学 [M]. 北京：人民教育出版社，2019.

实际上，在同一过程中能同时实现个体的个性化与社会化，不同个体身上所表现出来的特殊性即个性，这是个性化的体现，而个体的个性也具有社会性，二者相互关联。然而，个体的个性和社会性之间也存有矛盾，原因是两者的追求不同，前者追求的是个体的个性，而后者追求的是社会共性。如此一来，班级组织需要解决的问题就成了怎样将两者的发展有机地统一起来。

（二）班级组织的结构分析

在教育社会学中，很少看到分析班级组织结构的。我们这里主要以学者吴康宁的研究成果为依据来进行分析，即班级组织中有两种组织结构：正式结构和非正式结构。

1. 班级组织的正式结构

一般情况下，正式结构指的是组织中的工具性角色的结构。在班级组织中，工具性角色指的是提供服务从而完成班级工作的角色。

在班级正式结构中，班级学生干部发挥着重要的作用。要对班级工作进行良好的管理，就必须有一定数量的学生干部。我们一般将学生干部分为自治性干部（担负班级管理职责的班委成员和小组长）、自助性干部（学科代表）、自娱性干部（负责各类自娱性活动的干部，如集邮小组长、足球小组长）三类。通常以任命和推举两种方式来筛选学生干部。其中任命制主要由班主任推荐、全班认同，推举制有直接选举和间接选举两种。

2. 班级组织的非正式结构

班级组织中的非正式结构是从其他不同角度界定的一些成分组成的。它与正式结构的根本区别是，前者是班级成员在日常过程中自然形成的，后者是班级组织的外部力量从制度上预先规定的。班级组织的非正式结构，主要取决于学生个体之间的人际关系，其参照系是班级中的"非正式群体"。非正式群体存在四个主要特点：其一，人数少，通常是3～5人；其二，吸引力强，群体内每两个成员之间都相互选择，全员在整个群体内部是相互选择的；其三，集体性强，对于本群体的利益，有超过一半的群体成员会自觉维护；其四，沟通效率高，群体内任一成员短时间内就能将得到的信息迅速传给其他所有成员。

班级组织的非正式结构体现出的是在班级这一社会结构中，班级成员的人际关系形态与非正式的社会地位状况。它和班级组织的正式结构一起构成了在班级中学生的人际关系状况，学生在班级中的角色就取决于这两者。非正式结构的积极功能有利于学生的交往与表现自我的需要的实现，以及班级成员之间意见交流的加强。消极功能是由于群体内部的过多接触，很容易影响班级成员参与班级组织活动。

在班级中，仅有部分学生能够成为非正式群体成员，原因是群体内成员的相互选择产生了班级非正式群体，而相互选择仅是人际状况之一。在班级组织中，学生之间至少有五种类型的非正式关系，即单向选择关系、单向拒绝关系、相互选择关系、相互拒绝关系及无选择无拒绝关系。很明显地，如果我们要完全以非正式群体的状况去了解班级中的非正式结构，那是不容易的，需要把班级中的非正式群体及其之外的学生个体相结合来说明班级组织的非正式结构。在选择中，每个学生既是主体又是客体，而且也有很多种选择可能性，就导致班级组织中的学生人际状况也存在众多的可能性。

（三）班级组织中的人际交往

若用动静结构与人际交往来对班级组织进行分析，那么前者是静态的，而后者是动态的。班级中的人际交往主要有两种：师生之间的交往和生生之间的交往。

1.师生之间的交往

师生交往是指在班级的教育、教学活动过程中教师和学生之间的人际交往。相较于一般的人际交往，师生之间的人际交往具有以下几个特点：其一，班级组织的运行需要师生之间的交往维系，班级中所有教育、教学活动的组织、安排和运行，都离不开这种师生关系。其二，师生之间的交往可以是单纯地满足交往需要而交往，也可以是为了完成教育任务而进行的工作交往。其三，师生之间的交往相互影响，在师生交往中并非总是由教师主导，而是师生之间相互界定和碰撞。其四，师生之间的交往形式比较复杂。在美国教育心理学家林格伦看来，师生之间通过四种形式来交往：第一，教师在课堂上与学生保持单向交往，效果较差；第二，教师在课堂上与学生保持双向交往，效果较好；第三，教师和学生保持双向交往，同时允许学生之间的交往，效果较好；第四，教师成为相互交往的中心并且鼓励学生双向交往，效果最好。所以，应该鼓励师生在课堂教学中采取多种交往方式，从而提高课堂教学的效率和质量。

对小班教学中师生交往的研究是班级组织中师生交往的重要研究之一。以师生交往的视角看来，班级小班级中面对的问题相对少，师生之间的互动和交流就会增多。教师面对的学生越少，就能关注到越多的学生，也会使班级的氛围凝聚得更好，只有给学生提供更好的成长环境，教师才能在最大范围内将小班的学习潜能发挥到更好。

2. 生生之间的交往

在班级组织中，和教师与学生之间的正式交往不同，学生与学生之间的交往更多是以非正式交往形式呈现。在学生与学生的交往中，学生个人的性别、兴趣、性格、个体影响力等都是影响因素，且学生之间的交往是多变的、进行距离不等的、相互可选择的。学生与学生之间交往的可选择性，使得学生之间的交往变得比较复杂，在班级中也出现了各种不同性质的非正式群体。学生群体在班级组织中主要有以下几种类型：

（1）游戏性群体

米德认为，对于儿童社会性和个性的发展，游戏起到了重要作用他还把游戏视为儿童自我概念发展的重要阶段。游戏能够帮助学生学会交往，掌握社会生活能力。以玩为主的游戏性群体在学校的学生群体中的占比例较大。这些游戏群体有临时性游戏群体（如课间休息时的游戏活动，时间比较短）和偶发性游戏群体（如课堂上的"恶作剧"或相互传小字条）。

（2）兴趣性群体

兴趣性群体通常由游戏性群体演变而来，所以"玩"也是其特点。但相比于游戏性群体，其相融性和凝聚力更高。这类群体有自身的任务和目标，个体有一定的意志，一般持续时间不会短，具有"迷"的主要特征，如收藏、制作、欣赏。

（3）倾吐性群体

倾吐性群体顾名思义就是倾吐和表达内心感受与活动。因此，通常此类群体比较固定，心理联系比较紧密，一般群体中的任意两个人都会将对方视为自己的知己好友。其活动内容主要包括聊天、诉说等。核心家庭的持续发展，使得学生间的此类群体将逐渐增加。倾吐有利于心理健康的保持以及心态的平衡。

（4）互助性群体

互助性群体彼此间相互帮助，并以此为目的，起到帮困解难的作用，其社会生活意义强烈，有利于学生个体的自立、自主、自学水平的提高。然而它也有造成负效应的可能，尤其是现在的某些学校，学生之间的互助总是或多或少地牵扯到利益，如付钱买作业等。如此一来，互助性群体就会对个体心理品质造成损害。

班级组织中出现非正式群体，促进了个性的自由发展。学生在非正式群体中的长期相处，受彼此间的影响，兴趣、爱好、理想、愿望、志向、价值观与行为习惯等逐渐形成。非正式群体不仅为促成学生对班级目标提供了基本条件，也为集体舆论萌芽的产生提供了必要环境，还为班级活动效率的提高提供了内在因素。然而，仍需要以分化瓦解与教育引导并行的方法来应对反集体型的小群体。

二、教师角色的社会学分析

研究教学中教师与学生的社会角色，特别是研究关于教师的角色始终是教育社会学所研究的侧重点。

（一）教师专业社会化

从教育社会学的角度来看，事实上，教师专业社会化与教师社会化、教师专业化是相同的概念。教师专业社会化是指个体向教学专业人员转变的过程。教师的专业社会化的水平和程度，极大地影响着教学改革的推进、教学质量的提高、教学声望与地位的提升。20 世纪 50 年代，默顿曾给社会化下过一个重要的定义，他说："社会化就是人们选择性地获得价值观和态度、兴趣、技能和知识的过程——简要地说就是获得所在群体间的文化，或力图成为其中一员的过程。"[①] 虽然默顿的社会化定义提到了选择性获得价值观的特征，然而他也是以功能主义的视角来大量研究教师专业社会化的，他将社会化视为个休向教师转变的单一过程，却很少强调教师专业社会化过程中的互动、对立、冲突和选择等特征。我们这里对教师专业社会化及其与教学的关系的探讨也基本上是从功能主义的视角入手的。

1. 教师专业社会化的发展阶段

就发展阶段而言，教师专业社会化存在预期社会化和继续社会化两个阶段。教师的专业预期社会化是指个体进行的准备性个体社会化，目的是使个体适应将

---

① Merton，R.K.et al.（eds.），The Student Physician：Introductory Studies in the Sociology of Medical Education.Cambridge，Massachusetts：Harvard University Press，1957：287.

要承担的教师职业角色。教师的专业预期社会化包括所接受的职前教育以及教师自己主动进行的有关从教的各种知识和态度、情感等心理方面的准备性社会化。教师的专业继续社会化是指个体在获得了教师资格并进行了从教实践后为了更好履行专业职责而进行的社会化。若说预期社会化是一个"成为"教师的过程，那么继续社会化则是不断成为熟练教师和专家型教师的过程，是教师不断成长的过程。从时间跨度来看，教师的专业继续社会化将覆盖教师的整个职业生涯。教师的专业继续社会化的具体渠道有教师工作实践和各种在职培训、脱产学习等。

2. 教师专业社会化的内容及其对教学的影响

通常认为，教师专业社会化包括教师职业价值的内化、教师职业手段的获得、教师职业规范的认同以及教师职业性格的形成等方面的内容。我们接下来主要从专业知识和技能的获得以及教育忠诚感的培养等方面分析教师专业社会化及其对教学的影响。

（1）教师的专业知识与技能

专业知识与相关技能是教师的重要职业手段，一名教师的基本要求就是要拥有博大精深的专业知识，且掌握熟练的基本教学技能。所以，获得专业知识和技能就成为教师职业社会化的一个重要内容。根据《教育大百科全书》的看法，一名专业教师应该具备以下三方面的知识储备：

①有关教学内容的知识

教学内容方面的知识包括所教学科的知识和学科教学法知识等。第一，教师的学科知识背景会对他们开发课程产生影响。在开发课程的过程中，教师总是习惯侧重自己更加熟悉的领域中的知识。第二，教师的学科知识还会对教师选择教学方法方面产生影响。如教师的学科知识对教师提问学生的方式的影响。教师在教授自己不太熟悉的知识领域时，会提问一些认知水平较低的问题；而在教授自己比较熟悉的知识领域时，则会提问一些较高水平的问题。而且，教师的教学法知识也会对教师的教学计划设计以及具体课堂教学产生影响。研究显示，教师的教学实践与其认识和理解学科教育目标之间存在非常强的同一性。

②有关学习者和学习过程的知识

有关学习者和学习过程的知识包括学习理论方面的知识，学生身心发展、社会性发展方面的知识，学生在种族、性别差异等方面的知识等。

③普通教育学方面的知识

普通教育学方面的知识包括课堂组织与管理方面的知识、课程结构的一般知识等。课堂的组织和管理效果在很大程度上都与教师所具有的普通教育学方面的知识相关。总是能够调和学生所发出的信号、更加了解学生中的主流表现和课堂活动的目的的教师，才是成功的课堂组织与管理者。另外，教师所拥有的有关课的计划与课的教学方面的一般知识，在转换课的不同部分之间所需的知识，清楚解释和适当呈现教学内容方面的知识等有关课程结构的一般知识，都在深层次上影响课堂教学的组织和管理。

（2）教师的教学态度

教师对待教学的态度体现出教师认同教学价值和规范的程度，是教师专业社会化的又一重要内容，深刻影响着教学质量和效果。

教师忠诚是教师对待教学态度的一个重要指标。事实上，忠诚本身就带有伦理学意义。教师的忠诚包括三种不同的类型：职业忠诚、专业忠诚和事业延续忠诚。

①职业忠诚

职业忠诚指的是以关爱、亲近学生并和学生一起活动的情感与愿望为基础的教师对教学的忠诚。职业忠诚在小学教师中存在得比较多。在教学活动中，小学教师的行动更多的是遵循"关爱法则"。相比于中学教师，更多的小学教师认为自己选择教师行业的目的主要是关爱和照顾学生。对于大部分小学教师来说，关爱孩子并和孩子们一起活动和成长所获得的开心和满足，是他们教学工作的最重要的精神和心理回报。职业忠诚反映出教学的情感和道德特点。它给我们的提醒是：改革教育特别是初等教育，一定要明白关爱的重要性，考虑教师的职业忠诚和关爱法则，否则可能无法满足教师的职业忠诚感。忽视关爱的重要性的教育改革，将从根本上威胁或降低教学的情感及道德特征。

②专业忠诚

专业忠诚指的是以精通科目以及科目的专业知识为基础的教师对教学的忠诚。若说小学教师选择教学行业的主要目的是关爱学生，那么中学教师选择教学行业的主要原因就是致力于教授一门科目。专业忠诚在中学教师中存在较多。精通所教科目专业知识、获得教学工作上的成就是中学教师自我满足的重要来源。作为学院或大学的毕业生，中学教师获得科目身份和专业忠诚是其社会化的途径。

③事业延续忠诚

事业延续忠诚指的是教师持续从事教学工作，目的是安全感以及内在的回报。有些进入职业生涯晚期的教师，由于已经在教学工作中投入了大量的时间和精力，他们的整个身心都融入教学中，改换工作或许会对他们的自我认同感和满意度构成威胁。

（二）教师权威

古人云："亲其师，信其道。"教师的权威对于提高教学效果，以及组织和管理班级都具有相当重要的影响。教育社会学多是在马克斯·韦伯的权威理论的基础上来研究教师权威的。

1. 韦伯的权威理论

韦伯认为，权力和权威的概念是既有密切联系又有显著区别的。在他看来，权力是对他人行为控制的能力。他人可能自愿或被迫接受控制。若他人自愿接受控制，就是合法行使权力；相反，若他人被迫接受控制，就是非法行使权力。韦伯将合法的权力称为权威，而将非法的权力称为强制[1]。

根据获得权威合法性的不同来源，韦伯以"理想型"的研究方法将权威分为三种类型，即传统的权威、感召的权威、合理—合法的权威。

传统、习俗是传统的权威的来源，是形成于长期的传统因素影响下的权威；感召的权威，根据音译法又被称为卡里斯玛型的权威，是指根据个人魅力而获得的权威；合理合法的权威则是指来源于规章制度或专业知识的权威，它又包括两种类型，即官方或法定的权威以及专业或理性的权威。

2. 教师权威的构成与提高

在韦伯的权威类型理论的基础上，美国学者克利夫顿和罗伯兹将教师权威划分为传统的权威、法定的权威、专业的权威和感召的权威四个层面[2]。这四个层

---

① 马克斯·韦伯. 经济与社会：第1卷 [M]. 克文，译. 上海：上海人民出版社，2019.

② Rodney A. Clifton, Lance W. Roberts. The Authority of Teachers: A Sociological Perspective[A]. E.Miranda, R. Magsino(eds.), Teaching, Schools and Society. Hampshire: The Falmer Press, 1990: 381-403.

面相互作用产生了教师权威，这四个层面的具体程度不同决定了教师权威的强弱不同。

一个国家的教育制度与教育传统是教师的法定权威与传统权威的来源，而教师的个人因素是教师的感召权威与专业权威的来源，其中教师的个人魅力是感召权威的来源，而教师的专业知识与能力是专业权威的来源。

教师的权威是重要的教育资源之一。做一个受学生接纳和尊重的教师也是每位教师的愿望和追求。通过对教师权威的类型与来源的研究，我们可以从以下几个方面采取措施来帮助教师提高权威：第一，要发扬尊师重教的社会传统。我国拥有尊师重教的社会传统，古人曾将教师与天地君亲放在一起讨论，有"天地君亲师"的说法。弘扬尊师重教的传统有利于教师群体的社会地位与传统权威的提高。第二，要从政策和法律层面赋予教师权利和地位，依法保护教师的法定权利。这有利于教师群体提高法定权威。第三，教师个体要注意自身专业素养和人格魅力的提升。传统权威和法定权威是针对所有教师群体来说的，然而与具有相同的传统权威和法定权威的教师个体所具备的权威相比，教师的感召权威是有差异的。有些教师深受学生爱戴，相反有些教师就不太受学生欢迎。教师个人专业素养和人格魅力的不同是造成这一现象的主要原因。所以，对每位教师来说，是很难直接干预社会传统与国家法制的，自己能为提高自身权威所做的就是经常注意提升自己的专业水平和人格魅力。

三、学生角色的社会学分析

学生的角色虽与教师相对应，但其也是学校中的重要角色之一。教师和学生角色能否恰当、良好和充分地互动，极大地影响着学校教育工作的成效。第一步是要了解学生地位、权利等方面，这是认识学生角色的含义、特性、内容的必要前提。

（一）学生的权利与地位

教师这份职业的活动对象就是学生。但以严格的社会学意义来看，教师所从事的教育工作是一种社会活动，它由教师和学生共同参与，这两个主题在教育活动过程中地位平等。我国的一些教育学者由此提出了教育上的所谓"双主体说"。

虽然部分学者并不认可这种学说，然而从基本层面说来，我们作为教育职业从业者和教育研究者，将学生视为一种特殊的职业"对象"，一种有需要、有情感、有自主性的人，这是不可避免的。

1. 学生的权利

现代社会法律强调，人与人之间不分民族、性别、年龄、信仰、地域、身份和社会背景等，一律平等。联合国大会于 1989 年 11 月 20 日通过的《儿童权利公约》中也再次申明，和其他社会成员一样，儿童青少年享有完全平等的各种社会权利。我国的青少年权益保护法规也用明文条例规定了要保护青少年儿童的合法权利。作为教育的对象，学生的权利也应享受到充分的尊重和保护。所以，分析和明确学生在教育过程中的权利和地位，就显得尤为必要和重要。

（1）生存的权利

生存权指的是在一定社会关系中和在一定历史条件下，人们应当享有的维持正常生活所必需的基本条件的权利，是一项基本人权。生存权包括在生理意义上个人的生命得以延续的权利，在社会意义上个体或者群体的生存获得保障的权利，以及人们的生命安全和基本自由不受侵犯、人格尊严不受凌辱、人们赖以生存的财产不受非法侵占、人们的基本生活水平和健康水平得到社会必要保障和不断提高的权利。在人的其他权利中，生存权是基础和前提。

对于人的生存权，现代国家通常都有着明确、严格的法律规定。《中华人民共和国宪法》第四十九条规定："父母有抚养教育未成年子女的义务。"并在婚姻法中再次明确，即使父母的婚姻关系发生变化，父母对未成年子女的抚养义务不能改变。

抚养子女长大成人、维护他们的生存权利，是法定父母和合法监护人的职责和义务。拒绝抚养子女，将会受到法律的严惩。国家的民法和刑法处罚方式，为儿童青少年实现生存权利提供了保障。

（2）受教育的权利

个体发展为现代社会合格公民和参与社会的基本条件，就是接受一定程度和水平的教育。由此，在现代社会中，受教育权也成了公民的基本权利和主要权利。

《中华人民共和国宪法》第四十六条规定："国家培养青年、少年、儿童在品德、智力、体质等方面全面发展。"这是国家根本大法明确体现出的国家对儿童青少年进行教育的责任。

《中华人民共和国教育法》是具备教育基本法性质的法律，其中第九条明确规定："中华人民共和国公民有受教育的权利和义务。公民不分民族、种族、性别、职业、财产状况、宗教信仰等，依法享有平等的受教育机会。"

《中华人民共和国义务教育法》第五条显示："各级人民政府及其有关部门应当履行本法规定的各项职责，保障适龄儿童、少年接受义务教育的权利。适龄儿童、少年的父母或者其他法定监护人应当依法保证其按时入学接受并完成义务教育。"

如此的法律条文还有很多，它们共同反映的是，对于儿童青少年接受教育的权利，国家、社会、学校和家庭，任何个体和社会机构，都不能以任何理由和方式剥夺，相反，必须提供必要的条件和便利鼓励它们接受教育，也不能以任何理由、方式，对任何儿童青少年进行教育上的歧视。

（3）受尊重的权利

作为人的另一种基本权利，人格权是以人格利益为内容、民事主体必备的，获得法律认可和保护的民事权利。人格生命权、健康权、自由权和平等权、尊严权、人身自由权、肖像权、隐私权、姓名权、名誉权、荣誉权等都属于人格权范围。

《中华人民共和国未成年人保护法》第二十一条规定："学校、幼儿园、托儿所的教职员工应当尊重未成年人的人格尊严，不得对未成年人实施体罚、变相体罚或者其他侮辱人格尊严的行为。"

在学校教育中，教师和学生享有平等的人格。教育者不能以任何理由和方式，侵犯学生的人格权利。保护学生的人格尊严，维护学生的自尊心，不仅是教育者的法定义务，也为开展教育打下了基础。

（4）安全的权利

安全权是指公民享有人身、财产、精神等方面不受侵犯、威胁、胁迫、欺诈、勒索的权利。

维持并保护学校秩序，保障师生安全，是相关国家机关和教育机构的法定职责。我国教育部、公安部等部门，还对学校和学生安全，以部门规章的方式，加深要求，严格且明确地规定了破坏各级各类学校教学工作秩序、危害师生安全的行为的后果。

上述关于儿童权利的相关规定，说明包括家长和教师在内的任何人，不能以任何缘由（即使是为了保障儿童所谓长远利益也不行）采取任何方式（如体罚和各种形式的变相体罚）侵犯和不公正、不平等地对待儿童。总的来说，教师和学生之间，在法律上是完全平等的主体关系。

2. 学生在学校教育中的地位

从社会学的角度来看，教育是一种社会公共事业。学校作为制度化的专门机构，以及教师作为教育工作的专业工作者，要根据家庭和社会的托付，以社会公共利益和学生个体发展为出发点，以课程、课堂教学等为途径，有目的、有计划地系统影响并培养年轻一代，从而促进其身心发展，使其成为具备特定规格要求的社会成员。

由社会、家庭与学校、教师的关系可看出，其实他们彼此之间有一种委托和被委托的关系。具体来说就是，社会（家长通过承担税负）以政府（国家）为渠道，对学校投入一定的人力、物力，并将相应的制度与法律授权于学校，目的是获得相应的服务回报，即按照他们的期望，学校和教师要通过教育培养，使年轻一代发展为具备某种知识、品格、能力的人。在这个过程中，学校和教师也能得到自己相应的回报，以及社会的承认、尊重和薪资报酬。

从某方面来说，学校和教师提供教育服务，而社会和家庭需要并购买其所提供的教育服务。学校、教师和家庭、社会之间，是一种服务与被服务的契约关系。然而，由学校和教师提供教育服务的过程可看出，学生才是其服务的直接对象，教育服务的过程其实是教师和学生之间互动的过程。即学生是教育服务的直接相关人。

我们换个角度来说，学生是教育活动的直接相关人，衡量学校及其教育工作状态与水平的主要标准，就是学生是否满意自己所接受的教育。学生的特点与需求，是进行教育的必要与充分条件。也就是说，在教育过程中，学生及其身心发展状况，是开展教育活动的出发点和核心。学生可以对学校工作及教师的教学工作进行发言和评价。始终将追求学生的利益、需要和愉悦满意，当作工作的原则与标准的，才是理想的学校和教育。

（1）学生是教育发生的逻辑起点

学校所提供的教育至少要是学生认同和欢迎的。若学校及其教育不为学生所认可和欢迎，甚至是使学生感到厌恶、恐惧的，在一定程度上是浪费了社会的一种资源。

（2）学生是学校教育的最终评价者

对于好的学校、优质的教育、高水平的教师的界定，我们可以从现行的教育学体系分解出很多自成逻辑和体系的方面来分析，然而对此三项的界定的最终和最重要标准，也就是教育的最终标准，其关键还是在学生身上，根据学生身心发展所产生的预期的积极变化，所取得的收获来判定。即界定学校教育质量优劣、水平高低的最终判断标准和依据，就是学生发展的程度。所以说，在学校教育诞生、发展和产生结果的过程中，学生一直是其关键和核心。

（二）学生角色概述

在教育中，学生作为权利人，同时兼具着发展身心、学习知识、传承人类文明、承载社会与家庭未来希望、与学校教育中教师工作相配合的责任。认识和掌握学生这种角色的特性和行为规范模式尤为重要。

1.学生角色的含义

在教育过程中，学生与其地位、身份等相对应的权利、义务的规范与行为模式，就是学生的角色。说简洁点就是"学生是谁"和"如何做才算是一个合格学生"等问题的融合。

从字面上来理解，学生就是进行学习、接受教育的适龄儿童青少年。以社会学的视角来看，学生角色的扮演，主要是由于其在年龄、品格、心智、行为习惯、知识经验水平、社会化程度等身心发展方面，还没有达到社会和家长所满意的水平，或者是没有达到其自身应该达到的水平。

在人类早期，社会的发展水平非常有限，也就未过高地要求个体的身心发展。个体以其天生的本能和天分，再通过从简单的生产、生活中获取学习经验，就能达到社会生存的需要，顺利地参与社会的生产生活，履行自己的社会职责，扮演自己的角色，从而实现其存在的意义和价值。

随着社会持续发展，社会分工逐渐细化，生产和生活变得复杂，对于个体的身心发展，社会也提出了越来越全面、复杂且高端的要求。原先个体只通过天分和简单经验学习的身心发展方式，已远不能达到要求。在这种前提下，人类着手发明专属的自我发展形式，也就是具有针对性和制度化的教育。学校作为专业化的机构，社会为其投入了大量的人力、物力，还将相应的社会成员（教师、学生等）的部分职责（如生产劳动）免除，提供条件让那些具备心智、知识、品格、经验等被称为教师的人，专门教育和培养学生这个被寄予未来希望的年轻一代。

所以，根据角色发生的角度来说，学生是指那些需要学习、由社会提供条件、被赋予专门学习和接受教育的使命与职责的年轻一代。

由学校教育看来，学生的角色一般存在以下几种：

（1）具有潜在空间的身心发展者

就像前面所说的，面对社会角色分化，学生出现的原因，是在社会、家长等看来，在年龄等众多原因影响下，年轻一代还不具有一个成熟社会成员该有的知识、品质、经验和能力；也可以说在如品德、知识、能力等身心发展的各方面，还没有达到应该达到的状态与水平，仍具有改善与提高的需要和空间。中国古代所谓的"待教而善"，大致就是这个意思。教育的价值就在于"教"而"善"之。

（2）社会、家庭未来期望的承载者

社会和家庭了解到年轻一代有内在的身心发展空间和必须进行"教育引导"，然而这并非年轻人变成学生的唯一和充分条件。从社会心理学来看，只有将人们察觉到的可能性和现实条件相结合，才能产生真正的期望。具体来说，只有社会和家庭了解到年轻一代的身心发展存在内在的空间，这种空间是社会及其自身的未来发展的关键，且有可能实现，也就是形成期望时，他们才会同意孩子进入学校，将孩子变成学校中的学生。所以，学生在被送进学校时，就肩负着社会、家庭所给予的未来的期望。

（3）专门的学习者

就像前面说的，最初，是社会分工导致了学校的出现、教师和学生角色的形成。从社会学看来，无论是什么形式的社会分工，在某种程度上都代表着专门化和专业化的加剧。与学校独立于其他社会机构相对应，教师分化于其他知识工作者群体，被称作"学生"的儿童青少年则有了来自外界的更为明确、清晰和具体的职责：在被称作"学校"的专门机构中，由被称作"教师"的专业人员指导，将人类已有知识和经验作为内容和对象，接受专门化的学习，成为专门的学习者。

（4）学校秩序的遵守者

社会、家庭将学生委托给学校，学校接受委托教育学生，在这个过程中，我们隐约可见一种默契与共识存在于社会、家庭和学校之间，也就是学校这种实现年轻一代身心发展的专业形式，是必要的和可行的。也可以说，这表示着对于学校和教师应该且必须用自己独特而无法取代的方式、方法，要求和教育学生，是家庭与社会认同、接受甚至是喜闻乐见的。换句话说，家庭和社会同意、支持甚至授权学校，以自己的职责标准、规范和方法，组织、管理、约束和影响学生，从而维护学校的秩序、确保教育的有效性。所以说，学生角色就代表着，他们必须以学校的专业规范为标准，遵循学校的纪律和规定，成为学校职责秩序的遵守者。如《高等学校学生守则》等各级各类学校制定的学生守则或学生规范，其意义和价值也便是这些。

2. 学生的角色认同

社会心理学层面的角色认同，指的是个体以自己的角色身份为基础，形成角色扮演（行为）的自觉态度与行为方式的过程。学生的角色认同，就是指学生根据已确认的专门学习者的角色身份，形成参与学校教育活动的自觉态度以及与之相适应的行为方式的过程。

（1）学习者身份的初步形成

当孩子从幼儿园升入小学一年级时，"（小）学生"就是他（她）获得自出生之后的第一个正式身份。我们应该可能听到过小学一年级学生向幼儿园孩子炫耀自己的学校、班级、老师等，并像一个长辈一样告诉对方要听话、不准哭闹等，事实上，这便是小学生对自我身份的确认。小学生在意识里已认为与幼儿园的孩子不同，他们会自认为"长大了"；有了自己的"工作"，即上学，在他或她看来，这份工作的重要性与父母的工作相同；他们逐渐看重别人（家长、老师和其他人）对自己（特别是关系到读书的聪明或者愚笨等）的评价、是否认可自己的学习成绩，以及与自己的学校相关的事，甚至当父母耽误了自己的"正事"（上学）时，还可能会不高兴乃至生气、愤怒等。出现这种状况的原因在于，就小学生而言，

"（小）学生"是他们除家庭之外所取得的首个正式的社会身份。

（2）学校成员身份的确认

小学生向其他小学生炫耀自己的学校、班级、老师、校长和同学等，这些都说明他们逐渐将自己与组织（学校、班级）和组织的其他成员（老师、同学、校长）联系起来，认识到了自己在（学校）机构中的成员身份。而且，小学生也逐渐关心自己在组织（班级）中的地位与重要性（小学生总是会自豪自己的班干部身份），留意组织中其他成员，特别是重视具有权威和影响力的成员对自己的评价，如自己在老师眼中是否属于好学生，其他同学是否欢迎自己等，关心在各种活动中，自己和自己所在的学校、班级是否获得了认可、荣誉等。

学生在（学校、班级）组织中的经历和处境，直接且明显地影响着其作为组织成员的意识和态度。若其在学校中学习生活顺利、处境良好，他们就会自豪于自己的组织成员身份，并能积极地参与组织活动、遵守组织的规则。

（3）自主者的发展

自主者，指的是具有自我主体意识和行为能力的人。学生的自主意识有主体观念、独立意识，自我认识、控制与管理等方面。

法国著名启蒙思想家、教育家卢梭认为，每个人都具有追求自我独立性、自我价值、自由和个性的天性与权利。年龄的增长、知识和经验的丰富，使得学生的认知分化水平持续提高。学生会区分开"我"与其他事和人，开始意识到"我"是独立的、无法被替代的，这便是其中一个非常重要的表现。由于这种心理的影响，学生会产生并持续强化这样一种"主体"意识："我"要做自己的主人，做事以自己的意愿和需要为主，别人不能支配和左右"我"，向往和追求自己的生活空间与专属风格，关注自我存在的意义和价值，比较典型的例子就是在成年人交流时，七八岁的孩子会从旁插话，这种行为便带有这种意义。

学生自主意识的发展过程会经历"跟从与模仿→困惑与怀疑→自我觉醒→批判与逆反→自我控制与管理→自我整合"等。跟从与模仿，简单来说，就是个体以他人为标准进行效仿，而不是原封不动复制他人，从而实现被接纳和获得归属感、安全感的过程；困惑与怀疑，指的是个体不断提高对自我和他人认识分化的水平，由于效仿他人而生出的持续肯定否定的心理冲突过程；自我觉醒，指的是个体独立性、差异性初步形成的阶段；批判与逆反，是个体为了凸显自我而采取有意识的反向或歧向的心理和行为方式的过程。自我控制与管理，指个体为了达到自我独立而对自我心理与行为自觉地进行调控的过程。自我整合，指的是个体将自我心理与行为冲突解决了之后，实现个性化发展和自我价值的过程。

学生自主意识的发展是与年龄的增长、组织成员身份的确认和发展相同步的，具有一定程度上的反向社会化性质与特点。换句话来说，学生自主者的发展与教育中的个体在一定程度上的普遍社会化之间，会产生矛盾和冲突。

（三）学生的角色冲突

学生的角色冲突，是指学生在接受教育和发展身心过程中，逐步形成的角色心理与其行为之间所发生的不和谐、迷茫和矛盾的现象。

1. 学生角色冲突的内容

虽然在逻辑上，学生是教育的起点和归宿，其与其身心的发展始终是学校教育的核心问题，然而根据教育与社会的关系，从某方面来说，学生却也是社会和学校中间的"第三者"。社会和家庭以自己对青少年的期望为出发点向学校、教师提出要求，而学校和教师则以自己的理解和工作逻辑（专业原理与程序）为出发点教育学生。对于介于二者之间的孩子，学生这个角色是"被赋予"的，从而使得学生角色在学校教育中出现了一系列的悖论与问题。

（1）"我"是"谁"的问题

就像前面说的，从家庭、社会和学校方面看来，学校发生教育有一个假设的前提：年轻一代由于身心发展存在着一些不够理想、不够完善的地方，需要进行制度化和系统化的学校教育对其改变、改善和提升，因此将学生送进学校接受教育。

（2）"我"与"我"的问题

除了上述所说的学生是自我逻辑完整的个体，事实上其也是一个兼具个性和独立性的个体。由于学校前的家庭经验和社会生活，每一个学生无法被替代的自我、自我意识和习惯已初步形成。从某方面来说，学校教育其实就是教育学生反思与重构这种自我、自我意识和习惯。由此便一定会造成学生关于现实存在的"我"和要成为未来的、理想的"我"之间的冲突。"学校教育中学生的自我确认→教育影响后的自我怀疑→自我的矛盾与冲突→新自我的形成→新自我确认→新自我的怀疑"发展过程的循环，便是这种冲突的显著体现。

（3）"我"与"学生"的问题

学校是一种正式的社会制度化机构，任何形式的学校都会有一定的秩序和规制要求，这就在一定程度和形式上限制了机构成员的自由。简言之，不管什么学校都存在制度与规范，学校中包括管理者、教师和学生的任何成员在内，都必须遵守相应的制度与规范。从哲学和心理学的角度来看，任何个体都有追求自由和不受约束的天性。所以，"我"的青少年身份与学生角色之间，势必会在某种形式上产生冲突，从而造成"我"与"学生"的冲突。

教师作为学校工作者，其将学生作为教育、管理的直接对象以及对学生教育的影响，是导致学生自我冲突的直接原因。因此，学校中的教师与学生之间，在一定程度上是两种具有内在矛盾和冲突性的社会角色。也就是说，学校教育中师生角色之间的冲突是在所难免的，因为二者之间存在本质的差异。

2. 学生角色冲突的心理表现

学生时期是人一生中发展速度和变化速度最快、矛盾和冲突最多、最不具有确定性的时期，因此总会产生众多问题和冲突。

（1）独立性与依赖性的冲突

心理发展的重要方面就是个体的独立意识和独立性的发展。孩子在幼儿时期就逐渐存在一些自我和独立倾向与意识。如3～5岁的幼儿，其自我空间意识就十分鲜明，比较反感别人未经许可动用自己的物品。他们也很关心别人对自己的态度和评价，当成年人夸赞自己时，常常会感到很兴奋，并积极地参与活动。之后的儿童期，特别是少年期，由于身体外形等生理的发展，孩子的"成人感"迅速增加，内心体验逐渐发展得丰富而深刻。受此影响青少年逐渐希望能打破成人对他们的束缚与限制，实现"自我独立"，希望得到成年人的尊重，拥有不受父母、教师管制的自由，能自己安排自己的生活和学习。如小学生非常愿意自己和同伴组织各种活动，不乐意父母插手太多，因为他们认为自己长大了。

尽管进入大学后，大学生在很多方面都已发生改变，至少不再是未成年人，但在很多事情上自己的主观意识要更强烈一些。然而，在心理发展水平以及学校环境剧烈变化的影响下，大学生在遇到某些复杂的问题时仍会不知所措，内心深处并不能完全摆脱对父母及其他成人的依赖，还是会希望有人能给予自己支持、帮助自己解决问题。尤其是在经济、生活、情感等方面仍不能自治与自立，在很大程度上依赖着父母和老师。

独立性与依赖性的冲突，会引发一些这样的现象：学生在遇到问题时会向父母或其他人诉说，希望能够得到理解、指教和帮助。但当别人向他们提供帮助和指导意见时，他们又会因为"自己要独立"的意识而表现出不满和不耐烦。结果就是，现在的大学生更多的是从同龄人中寻找"知音"，他们觉得同龄人容易沟通、志趣相同。

（2）理想性与现实性的冲突

儿童和少年期的学生，尽管经验不足，但是经历的挫折较少，是人一生中思维、思想局限最小的时期。那时候的学生，思想单纯，思路活跃，富有幻想和对美好未来的向往。直到进入大学校园，尽管还有三或四年的学习时间，但是对一个人的一生来说，这是学习生涯的最后时期。然而在儿童和少年期形成的美好幻想和对未来的憧憬依然留在心中，学校就像是一个避风港，将一切能打破幻想的因素隔绝。

（3）闭锁性与开放性的冲突

即使是已经成年，大学生仍旧是情感丰富、自尊敏感的群体，他们通常不会轻易告诉别人自己的秘密，对他人，特别是对不是同龄的人具有很强的戒备心理。若家长和老师未能与学生及时、充分地沟通，或者缺乏良好的沟通技巧，就很容易使他们封闭自己的内心。心理的闭锁性，会加大他们与父母、老师及其他人之间的心理距离，造成交流的鸿沟。

人都需要在交往、交流中获得情感的满足和自我的发展，大学生更是如此。但如果沟通受阻，大学生内心闭锁，就会产生一种强烈的内在孤独感而无处排泄，长此以往，就会积累负面情绪。

（4）情感与理智的冲突

大学生虽已不像青少年时期那样幼稚莽撞，但因为还未踏足社会，因此仍旧拥有典型的情感丰富特征，对未知充满好奇且自制力相对薄弱。

第二节　社会学视域下的教育变革

身处全球化的时代，社会的变革已是再正常不过的事情，并且我们也往往能不断地感受到整个社会正在进行的变革气息，而每次的变革都与社会领域的某个方面有着密切联系。从 20 世纪以来，教育系统所出现的变革从未间断，其涉及的领域有教育制度、教育观念、教育方法、课程体系、资源配置等。当我们现在带着检讨的意味回顾教育系统所经历过的变革时，很容易就发现，就算是成效卓著的教育变革也出现过不少似是而非的和相互矛盾的现象，以及一般会忽略的同时存在的因素。教育工作者被迫将自己和他人视为变革动力的专家，而为了成为变革动力的专家，包括行政人员和教师在内的教育工作者，一定要成为熟练地引导变革的主要力量。面对这种双重压力，教育工作者就不得不花费更多的时间和精力对潜在的和发生的教育变革进行考虑和研究，也由此展开了对教育变革的研究。

一、教育变革的动因

20 世纪 50 年代，相关学者开始将教育变革看作相对独立的领域而进行研究，由已掌握的资料分析中我们能够看到其研究的视角变化。初期是以比较教育学领域为视角的，而后是以教育社会学的视角来发展，并形成了单独的研究领域，将教育变革研究的一系列主题确定。

（一）社会学范式与教育变革动因分析的理论建构

与任何其他科学的理论建构相同，构建研究教育变革动因的专门理论的强大基础是未说明的假定。从某种狭义层面来说，不需要将这些假定视为理论的一部分，然而它们的确对提出理论的方式存在着影响，我们也可以用范式来形容这些潜在的假定。

怎么对教育变革的动因进行考察，一个理论家能够集中注意的动因存在不止一个可供分析的层次，这是这个问题的基本前提之一。在很多情况下不同范式和理论之间的区别都与它们的经验研究层次密切相关，或许难免会对不同层次的范式或理论之间产生的冲突进行强调，原因在于每种范式或理论想要解释的动因是不一样的。其实若不从所有的范式中吸取有益的观点，那么想要合理恰当地解释教育变革动因的每个经验层面都是不可能的。事实上，任何理论都想合理贴切地解释某一客观事物或事件，然而每一种理论看到的都只是事物的某一个方面。若以自己看到的事物的一面对别人看到的事物另一面的不真实性进行反驳，这本来就不是从科学的态度出发的，这也是有些社会学理论刚提出就很快消失的原因。

许多社会学研究者都有这样的感受：虽然研究者会对某个特定的范式比另一个范式优越这样的论证相当热衷，却没有一个研究者敢妄言，有一种理论能恰当地对某一教育变革动因及动因构成的全部复杂性进行描述和解释。若认同任何一个都是不全面的这种说法，就表示或许只有在特定目标方面相互竞争的理论才是有效的。而由此可推理出，对教育变革动因的研究，或许每一种理论的解释都合理有效，但每一种理论解释的有效性都是独立存在的，都不能对其他理论解释的有效性进行反驳。

根据传统的教育社会学对教育变革动因研究显示，有平衡范式和冲突范式两大范式存在。这两大范式在社会学领域是对立的，每个范式都有很多的理论家在为之努力，思考并提出各自的理论，力图从宏观社会学方面分析和解释教育变革的动因，从微观方面分析变革中的如变革代理人和参与者的动机、意图和行动等个体。

1. 从平衡范式来分析教育变革动因

由平衡范式的释义看来，教育属于社会系统的一个子系统，与其他子系统相配合共同支持社会系统。教育变革是一种系统调适的行为，是适应系统内外部的结构变化和功能需要。如变革能够为从环境获得系统所需要的资源并在系统内重新进行分配提供保障；能够制定该系统的目标和确定各种目标间的主次关系，并调动资源和引导全体成员为达到系统目标而努力；能够协调系统各部分成为一个发挥作用的功能整体；能够维持价值观的基本模式以及其在系统内的制度化，还有对个人或群体间的紧张关系问题进行处理。这就是著名社会学家帕森斯的"AGIL"功能模式。

可以将从平衡范式研究教育变革动因的理论区分为四种：进化论、新进化论、结构功能主义和系统论。其中，作为社会学主流理论的结构功能主义，曾是研究和阐释教育变革动因的主要理论。

（1）结构功能主义理论

在结构功能主义看来，有两种关于教育变革动因的解释：一种是教育行动系统间信息或能量的过量交换导致该系统内部和系统之间信息和能量的输出。如变革动机（能量）过强，就会影响现有课程结构，或许还会影响这些规范结构课程的重新组织，最终引起课程价值取向和课程体系的变化。另外，一种新的人事制度计划的制订，或许会将原有的人事制度打破甚至是会对其他制度发挥功能产生影响。另一种是由于信息或能量的供应短缺，进而导致需要重新调整教育系统内部或外部结构。如人们对某一教育变革认知（信息）方面的冲突会造成规范方面的冲突（组织内出现混乱或阻抗变革），进而会对教育组织内的人格系统和有机系统产生影响。

（2）中层理论

因为结构功能主义理论在对教育变革这一行动系统进行解释时，运用的是一种宏观的、比较抽象的分析架构，所以在很多批评人士看来，这种分析不能理解教育行动系统内的行动者和他们具体的实践，即不能通过经验层次的"目的和行动"反映出来。由此，美国的功能主义社会学家默顿创造出一种"中层理论"，想要以宏观的抽象理论研究结合微观的经验现象来对教育变革这一行动系统进行研究。

根据中层理论来看，可以将教育变革的可观察的动因分为两种，即显功能和潜功能。显功能是能够为调适和改善教育行动系统提供帮助的客观动因，因为其作用强，教育行动系统中的行动者能够预测和感知到；相反地，没有被预测和感知的便是与潜功能相关的客观动因，但持续一段时间后会不会表现出来是说不定的，不过依旧会起作用。这种分析形式与"一分为二"地看待事物的方式大致相似，若只有这一种分析，那么社会学这个学科依旧未能从哲学中完全脱离出来而获得独立。分析"显与潜"这种二元对立时，默顿将"反功能"的概念加进其中，若说人们比较容易感知的是正功能，那么反功能的概念，我们可以这么认为：并非所有的引起教育变革的主客观动因都能够促进教育行动系统的调适，这些动因会导致教育系统因变革而减少系统调适也是可能的，而这就是"反功能"（干扰、紊乱、问题）。也正是反功能的概念引导着人们关注对教育变革动因和阻抗的探求。

2. 从冲突范式来分析教育变革动因

20世纪60年代末，在社会学理论界中，平衡范式被冲突范式所取代，这与当时西方社会发生动荡而平衡范式无力解释相关。

由冲突范式的释义看来，应该将冲突作为研究教育变革动因的基本线索，其侧重点应放在教育系统与社会亚系统之间的冲突、教育制度代表谁并为谁服务、教育系统内各亚系统间的冲突以及冲突的根源等问题上。这一范式所具备的共同理论特征是：强调冲突的积极作用，认可冲突存在的必然性和长期性。反对带有价值判断的研究假设，极力提倡一种超阶级、超价值判断的、客观的冲突分析风格。

冲突范式主要从两个方面来对教育变革动因进行分析，一个是观念方面，认为规范或价值取向的变化是教育变革动因的来源，这主要是教育系统外部变化影响的结果，如政治、经济制度和科技的革新，都会在不同程度上对教育系统内人们的观念产生影响并使其发生改变，最终引起变革行动；另一个是实践方面，认为体制和机制上的变化是教育变革动因的来源，如教育系统无法满足社会经济发展的要求而发生的适应性变革等。

教育社会学理论领域自20世纪70年代以来掀起了一股微观革命之风，人们不断质疑和批评两对传统范式的假说。一致地认为传统分析范式太强调宏观性和理论抽象性，并不能真正清晰地说明教育变革的内在动因以及外在动因。为了切实地搞清楚外界因素促动并产生教育系统变革动机的方式，研究者应对学校内部班级社会体系中人与人之间的互动关系进行重点分析，包括师生关系、种族和教育机会不平等的原因、学生家庭背景（社会的、经济的和文化的资本）、教师的社会地位和教师在社会中的角色、学业成就的归因、知识的来源与控制、科层制度中的人际关系、学生自我角色定位、学校文化与反学校文化等。

这种微观研究打着"新"教育社会学的标志，其研究方法由"量"的研究向"质"的研究转变。尤其是与人类学的"田野调查"的人种志相结合的研究风格，使研究将"人文"社会学色彩真正体现了出来，其研究成果也更贴近真实并具备可读性。

研究逐渐深入，新教育社会学也逐渐融入社会学的"解释学派"，这是一个比较大的理论群，我们也可将其叫作"解释学范式"。在此范式下，对教育变革进行研究的理论主要有：交换与合理选择理论、社会行为生态学、符号互动理论、民俗方法论（常人方法学）、戏剧理论、标签理论等。

由上述分析我们可以看出教育社会学领域已出现的理论并存现象，呈现出一种多元化的形势，根据理论背景显示，这种形势体现出西方社会发起的一种"后现代主义"思潮。后现代主义社会学的影响使我们意识到似乎应该学会理解与教育变革相关的每一种"话语"和它的"情境"。而不应该超越某一特定话语的"语境"来决定我们的取舍或判断。我们需要明白，得益于全球化，在已远去的"后"现代的当下，我们似乎正身处一个"整合"的时代。所以，我们应当结束理论界垄断独裁的时代，迎接并进入一个多元化的但彼此交融的理论发展时代。在研究教育变革时，我们仍要保留部分传统，再结合定量研究和定性研究、宏观分析和微观分析、理论研究和实践经验，如此，或许才是对教育变革进行研究的最好方法和途径。

（二）社会学范式与教育变革动因的分析层次

1. 内在动因的分析层次

由研究教育变革动因的社会学范式中能够看出，其实各种范式可以代表不同层次的原理假设。每个理论研究者所选择的研究重点都是教育变革动因的某个层次而并非其他层次，由此形成的理论也就自然是解释某个相对应的层次的现象。教育变革是多层次多维度的，因此所形成的理论研究也是多元化的，接下来我们的分析和归纳就是从教育变革的两个内在层面进行的，希望可以合理地解释教育变革的动因。

（1）个体层次

能够将其再细分为行为的和主观的两个层次。无论是哪个层次，研究者都会将行动的个体看作基本的分析单位并集中全部注意力来研究它。从社会学的分析看来，由于最后常常是以人的活动来实现教育变革的，所以研究者注意的或感兴趣的往往是个人的行为或社会行动，并非某个具体的个人。也由此在对教育变革动因进行分析时，应首先把人的活动包括内心活动（需要、动机、意图等）作为重要的研究对象。

在教育系统中，关于人的变革行为产生的方式存在很多的理论观点，每一种理论观点都说明了某些动因和意义。我们接下来侧重介绍一些比较有代表性的理论，从这些理论的解释中我们能发现一些值得思考的东西，也为我们提供了一些不同的视角，能够开阔我们的思路，从而实现全面认识事物的目的。

①交换行为理论

该理论借鉴了经济学理论中的两项原理，即效用最大化和边际效用递减原理，还借鉴了心理学的一条原理，即规律是以外部环境的影响（刺激）与个体行为的种种表现（反应）之间的联系为基础建立起来的。根据这些，在支持交换理论的教育社会学者看来，教育系统内人的变革动因是由于某个人因某种行为（教学方法或管理方法上的革新）而受到奖赏（第一次被强化），这种奖赏（精神的或物质的）恰好满足此人的需要（第二次被强化），所以，该行为或社会行动就会以这种模式固定下来。也就是说，两个或多于两个的人彼此之间的行为是依照奖赏起作用的原理行事的，可以由此推论，可以用一种交换的方式来理解和解释一切类型的人际互动关系（和谐、对立、合作、竞争）。

在社会实践领域中，不管是有意的还是无意的，人们都在按照一定的"交换原则"行事，变革被他们视为一种"投资"行为，是为了改善现状或得到更大发展的一种交换行为。若变革实现了预期的目的，就能强化人们的投资行为。很多交换理论家都指出，参与教育变革的双方（变革代理人和执行人）都相信，相比于目前向他们开放的任何其他条件和选择，通过变革（一种可计算的投资与回报的交换行动）能为他们带来更满意的结果，由此，这种交换行为就会顺利地发生，随着向参与者开放的可选择的供应来源的变化，它们的成交能力也将发生变化。作为变革代理人或政策制定者，在提供一种教育变革的方案时，不仅要了解同时提供给所有参与的行动者的开放选择，还要了解允许他们对这些选择的评价。

②社会行为生态理论

该理论是与交换理论一脉相承的，在其看来，作为一种社会行为（发动者和接受者），教育变革是行为个体有意识地自我控制的结果。行为个体通过自我控制，力求对他们置身其中的社会情境的意义作出评价，在社会的各种规则和习俗中作出选择，进而确定变革的程序并指导自己的行动。因为相互作用的每个行为个体对情境的定义不同，因此教育变革研究者就有了这样一个任务：在变革实施前，必须要考察各种人员对情境所下的定义以及这些定义之间的相互联系。这种从内在的动机和认知方面考察教育变革的动因是一种个体层次的，也是变革的主要方面。

在解释学范式下的各种研究都选择了典型的人种学方法论的变式，目的便是解释人们选择变革的原因，以及个体将什么样的社会意义赋予自己和他人的行动。人种学方法论的基本原理的基础是人类行为的两个假设：一个是自然主义生态学假设。也就是认为若研究目的是从理论上概括有关的变革目的，那就应对学校进行调查，只有以学校作为具体背景，才能看到各种现实的作用力。另一个是"质"的现象学假设。也就是肯定地认为在研究教育变革动因时，要想了解行动者的动机和行为，对行动者关于变革的态度和立场作出正确判断，就要搞清楚行为者是如何对自己的思想感情和认知行为的架构作出解释的。教育人类学者对资料的收集惯用的两种形式是观察或非参与的直接观察，这两种形式分别在微观人种学和制度人种学适用。

（2）组织层次

学校一级的组织变革是这一层次的研究重点。学校在教育变革研究中是一个重要的"中观系统"。学校是一个重要的、优先得到研究的层次，原因是它介于国家一级作出的决定与每个教师在班级中日常应当作出的决定之间。在现代工业社会中，学校往往被"组织分析"学派看作一种社会组织，此观点尽管也极力想要表明学校作为一种社会组织是与其他社会组织的特点不同的，但有超过一半还是将组织理论关于正式组织必备特征作为出发点，进而采取一些措施来对学校组织的目标进行分析。

学校中的人际关系是组织分析的一个重要研究方向，包括个人之间的互动，这种互动涉及的含义比较多，如信息沟通、互相调节、协调最合适的互相依赖的行动路线、人际的合作或冲突以及适应较大环境的联合或连锁模式等。社会心理学家的研究领域也包括这个层次，象征互动理论和交换理论是主要强调这一层次的两个理论观点。为了从这一层次理解教育变革的动因，我们想将学校看成一个完整的组织，以组织分析的方法来对学校教育变革动因进行研究。

弄明白学术组织与变革相关的变量是对学校组织变革的动因进行分析和解释的前提。有关研究指出，必须分析学校组织的三个方面：其一，全面分析学校组织，也就是理解有关于变革的重要的组织亚系统及其运作过程。其二，掌握那些对教育变革有影响的种种措施，如领导动力学、组织政策动力学、组织成员的角色定位，以及计划评价过程的运用。其三，教育变革动力学方面的实践经验，实施变革的现行机构是其主要来源，有时也会来源于实例分析教育变革的过程中所获得的替代性经验。

通常情况下，压力和张力是学校组织变革动因的两个重要因素来源。可将压力看作"组织的外部因素"，它属于组织外部环境的一部分，主要存在四类：人口规模的构成、社会亚系统的变迁（政治、经济、文化方面）、科学技术革命和自然环境的变化。可将张力看作"组织的内部因素"，其程度与冲突成正比，主要存在的因素有：紧张的组织内人际关系、不合理的权力结构与资源配置、不通畅的信息沟通、混乱的目标、学生运动等。在 M.迈尔斯看来，在对学校教育变革的动因进行研究时，诊断组织是否"健康"很有必要，于是，他给出组织处于健康状态的十项指标和不健康状态的七项指标。另外对教育变革动因的研究，分析其中的阻抗原因也同样很重要。就研究的结构来说，学校组织变革主要有三方面的阻抗因素：其一，逻辑方面。以人们对于变革的认知、合理的理由和科学的分析为基础。其二，心理方面。以个体和群体的情绪、思想感情、人们的观念和态度为基础。其三，社会方面。以团体利益、组织凝聚力、群体价值观为基础。

这里需要再次强调的是，在对教育变革动因进行研究时，应该甚至是必须要将这些已经存在的或正在形成的阻抗因素纳入考虑范围，由于遇到阻抗时，变革发起者会反复审核变革的方案，以确保变革方案的恰当、适宜，因此一定时候，阻抗也会成为变革的动因。若是如此，阻抗就相当于变革反应的"检衡器"，尤其是教师的某些阻抗，会督促变革代理人和机构对已经提出的各种变革方案进行认真谨慎的甄别和检讨。

在以组织分析技术来研究教育变革动因时，个人和小团体研究法是一个比较有效的策略模式。这一方法受社会心理学、象征符号互动论和交换理论的影响比较深。其将个体看作变革行动者，由于个人的价值观念影响着个体对变革的认知和态度，因此其根本的设想就是能以转变个人的态度和行为来实现组织的变革。由此，有七种策略可供研究者或变革代理人选择：一是价值策略，在学校组织的价值系统中加入行动者的价值判断。二是理性策略，用事实和科学的分析来说服有理性的行动者相信变革的合理性。三是说教策略。四是心理策略，说教和心理两种策略均以行动者的内在需要为出发点，旨在激发出行动者参与变革的意图。五是经济策略，学校组织拥有为行动者提供或剥夺各种资源的权力。六是权威策略。利用权威影响使行动者服从学校组织的安排。七是政治策略，从政治上为变革行动者的责、权、利的不受侵犯提供保障。

2. 外在动因的分析层次

分析教育变革的动因，许多外在的因素与要考察的教育系统内在因素同等重要。历史上曾发生过的重大教育变革有三次，第一次是在文艺复兴时期，第二次是在工业革命时期，第三次是在我们当下。引起这三次重大的教育变革的都是外在的文化和社会因素，所以，分析和说明这些可能引起重大的教育变革的外在动因，是同时兼具理论意义和必然的现实意义的。接下来我们就从文化和社会这两个大的层面来分析，并将介绍与每一层面相关的研究和理论阐释。

（1）文化层次

代表该层次的是一个社会全部成员共有的价值观、意图、规范、象征和整个世界观。文化的构成要素是人类的活动和互相影响的持久性产品，其包含人类生产的物质产品的领域或非物质的文化领域，这是就"文化"一词的最广泛的意义。众多社会学家非常强调从文化层次研究教育变革动因的重要性，原因是教育变革其实是一种复杂的文化活动，具有多质特点，无论发动哪种有计划的教育变革，都是按照一定社会中人们的意志进行的。因此他们几乎都认为分析教育变革动因的关键因素是意义、价值观、社会态度、规范和象征文化，他们还强调教育变革中文化模式的相互依赖性。强调社会是一个互动的体系，强调变革中个体的人格。

教育变革是基于一系列核心的价值观、意义和法律规范，进而达到学校系统整合的最高层次，从逻辑和意义上而言它们彼此是保持一致的，对变革行动者的相互作用具有控制性。从文化层次对教育变革动因进行研究的主要理论有：文化社会学、民俗方法论、符号互动论以及激进的教育社会学理论，如文化再生产理论和文化资本理论。

就文化社会学看来，通常可将文化变迁看作教育变革的重要原因。能够对文化变迁提出两个最基本的问题：什么是文化新特质的来源？激发教育系统而接受文化新特质的原因是什么？若从来源和动力这两个方面阐释，有三个方面能够对以上两个基本问题作出回答。

其一，发现和发明。新技术的发现和发明将持续更新教育的内容、方法、手段和设备，强烈地改变着教育的规模、质量等各个方面。

其二，传播。一个社会文化新特质也有可能是来自另一个不同文化和文明程度的社会。一个社会群体借鉴和吸取另一个异文化社会的文化要素并将其与自己文化相融合的过程就叫传播。教育变革是一种文化现象，所以也是一种文化传播的结果，并且也是一种文化传播的重要形式。值得注意的是，教育是有选择地传播文化，它往往将一定社会对其要求和需要反映出来，换句话说就是，并非任何文化教育都会被传递下去。

其三，涵化。从通俗意义上来说，涵化是指不同文化群体更进一步接触时所发生的变化，是一个强势文化体向弱势文化体渗透的过程。我们能够看到，自19世纪以来，西方教育的全球化趋势已将地方性的教育知识系统粉碎，在各个不同文化社会中，一种普遍性的教育模式逐渐扎根并不断发展。假若这是一种文化要素的自愿借取，那么，涵化就是不同社会在支配与从属关系的情境中，强迫性地对一种文化进行文化渗透的现象，最常见的就是存在于很多社会的"殖民主义教育"。

另外，从民俗方法论和符号互动论的解释看来，人们使用符号（语言、表情、姿势）在意志与感情的交互作用方面和物化的成果方面是文化新特质的来源。由此也可以认为变革是一种文化互动的结果。

（2）社会层次

一般来说，这一层次的变革指的是与社会各个分支系统都相关的社会大系统的变革。身处整体社会结构之中，教育的存在形式是一种特定的社会结构要素，具备特殊的社会功能，并与社会其他亚系统一起为社会服务。由于社会结构要素强调的不是个人、个人的行动或意义，而是行动的模式和互动的网络，途径是通过观察时间、空间的规律性和一致性，进而推论出这些模式和网络，因此从这方面对教育变革动因进行分析更具抽象性。在该层次上，社会位置是研究教育变革动因的最基本单位，如小规模的社会结构（学校班级、学术小组等）。然而这一层次大都对较大规模的结构变革给予更多关注。在社会学领域，经典社会学的平衡范式和冲突范式是研究这个层次的两大范式。接下来我们将分别对其进行介绍。

①平衡范式

生物学和人种学的研究成果是进化论与新进化论的基础，另外还以进步和发展这两个概念为参考来解释教育变革动因。如发生变革的原因是教育结构的深入分化和专业化，而教育系统需要持续进行变革以适应这一变化。

结构功能主义认为变革是缓慢累进的，系统的外部压力是教育变革的主要动因来源。而将系统内部的冲突或变化视为一种"功能失范"现象，所以，应当经常且必须"整合"和"修复"系统。这种系统内的"失范"现象是无法作为教育变革的一个动因的，由此就将人们的注意力引向教育系统的外部原因，其中，帕森斯的"AGIL"功能模式正好说明了教育变革的外部动因。

系统论从功能主义理论那里借用了某些观点，在对教育内部形成的关系进行分析时，也对教育系统与社会经济环境的关系进行了分析。而后强调，可能是系统内某些部分的功能不良（失范）或外部系统的直接作用导致教育系统发生变革。

很多教育社会学家都曾就平衡范式对教育变革动因的解释提出质疑和批评，冲突范式下的教育社会学家们的批评是其中最明显的。在他们看来平衡范式将教育系统内部的冲突现象遮掩，而这些内部的冲突却往往会成为教育变革的真正动因。因为一直存在系统内或系统间的冲突，因此也就会时常发生变革。

②冲突范式

马克思主义的"冲突社会学"是这一范式最重要的奠基理论，它是"关于各种社会变迁的一般理论"。它通过一些特定的工具或基本概念（其中首先是生产方式的概念）来对教育变革的社会动因进行分析，也就是要对社会的生产关系与学校教育之间的各种社会联系进行考察。

这一学派比较关注的问题是：对于日常教育活动中的个体与群体的思想，一定社会中的统治阶级的意识形态是如何渗透进去的；统治阶级是如何利用手中的权力树立权威并对国家和整个社会进行控制的。在阶级社会中，存在着政治和权威的决定力量，但这种力量是如何对社会各阶层不同的文化经验起决定作用的。这种决定性的力量及其在不同场合所起的作用，如学校，应该纳入获得文化观念的内容。在资本主义社会中，学校教育总是将阶级冲突反映出来，同时还表现和延续了社会冲突，其实，学校教育就像是维持社会不平等的工具。面对这种情况，要求社会公正、消灭阶级和种族差异、实现教育机会均等化就成了教育变革的真正动因。

文化复兴理论却并不注重社会阶级的作用，而是试图用群体的力量（救世主运动、种族运动或革命运动）去建立一种更令人满意的文化，为此要付出坚决的、有意识的、有组织的努力。他们反对对强势文化或殖民主义有利的学校教育，倡导提供支持社会运动和改良的必要教育，创建可供选择的学校教育和环境，这些观点和努力是文化复兴理论对教育变革动因阐释的主要方面。

二、教师与教育变革

教育阐释学也叫作解释性教育社会学，其试图说明研究者都是以解释性或阐释学去分析全部具体情况的。对教育阐释学一词的运用，意指注重具体情况而不注重理论的一种研究。它强调要剖析现实本身，并注重探讨日常生活现实的过程以及在此过程中存在的主观目的性与交互作用。我们这一节以及接下来的一节中均使用这一方法，分别分析和说明教育系统中的三大主体与教育变革的关系，旨在探索在教育变革的特定问题上，不同主体之间的关系、各自的动机和意图、行动的策略等内在特征和联系。

与往昔相比，现在所发生的教育变革已大有不同，它涉及外界的社会经济、文化变迁的同时，也开始不断与教育系统中的人建立联系。我们可以这样认为，人的活动尤其是教师的活动实现了教育变革，只有外界对教师的变革动机的激发，对教师关于变革的认识的提高，才可能催生变革的行为，也就是"教师的社会行动"。因此在对教育变革进行研究时，应首先研究"教师的社会行动"，考察教师在变革中的行动背景和活动过程，进一步理解教师与变革的关系。如此，才能使教师在变革中的积极作用得到充分发挥。

（一）教师对于教育变革的态度

纵观历史，任何有计划的教育变革往往需要教师的思想和行为作为依据，即教师的思想与行为时刻影响着教育变革的发生和发展。若某一变革被教师从思想上接受，那么这一变革就会很容易发动和进行。

（二）变革推行者获得教师理解

要获得对教师工作的理解，从教师的自主性和他们的对立—合作方面来考察是最好起点。合作恰是变革的力量，通常来说，变革的程度与教师之间的合作程度密切相关。在学校组织中，教师间的合作指交流频率高、相互理解、支持和帮助等方面，这些是变革走向成功的重要因素。

（三）指导教师参与变革的对策

教师，不管是个体还是小群体，在决定投入力量参与变革时（或在决定反对变革时），都需要考虑以下几点：

1. 不能主观臆断

若变革是由学校的外在力量造成的，那就应该提出问题：它是否代表一种很重要的需要；是否有证据证明这种变革是行之有效的。对自我进行分析是很重要的，这样能防止教师作出错误的决定。

2. 教师间要高程度合作

根据一些语言和行为，教师估计出同事们对变革的态度和兴趣是有可能的，若学校组织中教师实现高程度合作，那么很快就能发现教师们关于变革的态度和兴趣。每一个人都作出相同的假设但又不去验证它，这样如何知晓其他教师对变革的真正态度和兴趣呢？在平时的工作中，若同事自主感兴趣于变革或者变革能将他们的兴趣激发出来，那么他们就会以正确的态度对待变革并作出令人满意的行为。

3. 为合作文化作出贡献

除去外在的压力或机遇等不说，每个教师都有责任为合作文化的发展作出一定的贡献。合作文化以在集体中提供建议或接受他人好的建议为基础。这样的行为只需要在集中的小群体中，以较多的交流和互动，营造一定的合作文化氛围，并达成关于变革的设计和估测的共识。

三、学生与教育变革

对于学生在教育革新中所处的位置并未引起人们过多的重视，原因是在许多教育革新者看来，学生始终能从革新中获益，因此在革新中他们从来只重视物化层面的改变，而忽略人的变化，也就是革新主要集中在器械、设备、学科、方法，以及组织或管理的方式等方面；或者是侧重于强调他们在教育革新中的态度、合作、技巧和成就方面，很少有人将学生看作学校生活的主体和教育革新的参与者。从实质上来说，教育革新与个体尤其是与每一位学生之间都具有紧密联系，若学生在教育革新中未能发挥积极的参与作用，那么就很难保证这种革新会有理想的效果。

第三节　高等教育系统中的社会学

一、关于高等教育与社会和谐发展的社会学思考

近年来，为了实现各个阶层人民对高等教育的渴望，以及社会对复合型人才的需要，我国高等教育逐渐趋向大众化。在这一快速发展的过程中，虽然收获颇丰，但同时也显现出一些问题。要促进高等教育与社会和谐发展，就要对这些问题给予足够的重视，并积极寻找解决方法。而从社会学的角度去分析问题并提出针对性的措施，无疑是再好不过的选择。

说起教育，人们很自然地就联想到学校，"学校在价值传递，维护社会秩序和社会稳定等方面有着重要作用"。这是早期教育社会学家帕森斯的观点。从这一观点中不难看出，学校与社会关系密切，也可以说是教育与社会关系匪浅。而社会学便是研究"社会良性运行和协调发展的条件和机制"的学科，再加上高等教育也是组成社会结构的部分之一，种种迹象表明，要实现社会的协调发展，对高等教育的研究很有必要。

自 19 世纪中期以来，高等教育逐渐打破封闭模式，伴随着工业革命兴起的浪潮，开始显现出开放性、主动性的特征，其服务的对象也由内部逐渐转向外部，即从自身转向社会，从而促使社会向更理想的蓝图发展，高等教育也由此成为"对现在和未来都会产生影响的一种力量"。

由各国高等教育发展的历史可以看出，高等教育不仅承载着人类文明的重要成果，同时也与一个国家的经济社会发展成正比，即高等教育越发达，那么该国社会越稳定、经济越发达，也就能想到反之的情况。由此我们可以说，实施科教

兴国战略，大力促进高等教育的良性发展，是实现中国社会协调发展的理想选择。

以社会学视角考察高等教育的发展，主要是希望能从一个更广阔的领域，考察作为社会结构一部分的高等教育与其他社会结构或系统之间的矛盾以及可能出现的冲突，未雨绸缪，促进高等教育融入整个社会，并构建相应的可持续运行机制。

社会是由个体组成的，这里的个体不单是指人，也指具有社会意义的团体或单元。因此从大的方面来说，社会学要研究的社会意义，也就是单个社会化对整个社会发展和协调的意义。另外，社会的可持续发展指的是整体联动，如经济、文化、政治等，需要同步运行，而高等教育的发展又恰巧受这些因素的限制，所以深入研究和了解现代社会学，有利于我们更好地研究和掌握高等教育与其他社会结构或组织的和谐。

在此前提之下，我们得出结论：高等教育作为社会结构的一部分，也是一个个体化，其与社会的和谐不只是指个体化与整个社会中其他个体化之间的和谐，也指高等教育内部各个个体之间、各个个体与整体之间的和谐。

二、我国高等教育效率的社会学考察

运用经济学对高等教育的效率，准确来说是对教育的投入和产出关系进行研究，是最常见的方法，然而这种方法有个弊端，那就是忽略了高等教育自身要实现的功能和价值，一味地追求量的增长，从而阻碍大学生个性的发展，以及高等教育在社会发展中功能的发挥。我们不否认对高等教育进行考察时，效率是一个重要指标，当今时代教育的经济功能也很显著，但是不能在数量上过分追求。在这个前提下，就很有必要在社会学的思维框架下，分析并反思高等教育的效率问题。

以社会学的视角来看，高等教育效率兼顾数量和价值两方面，直接关系着教育的目的和功能，教育的效果和目的越是良性结合，教育的效率就越高，教育的功能也就发挥得越好。

对高等教育效率的考察，第一基本要素是合目的性，其次是高等教育促进阶层流动，以及学生个性充分发展。总体来说，也就是从高等教育的目的达成和实现程度来进行考察的。

（一）我国高等教育效率的考察因素

1.考察高等教育效率的第一基本要素——合目的性

各阶层人的不同需要催生各类活动，用在教育方面也就是，进行教育的目的是满足社会和个人发展的需求。目的保证了教育活动的完整性，因此其是进行教育效率考察的第一基本要素。

一方面，大学是传承和发展科学文化的重要场所，因此它为现代社会的进步提供理论和思想支持，是理性、高尚的标注地，是人类社会走向文明的指向标；另一方面，它以雄厚的文化资源和师资力量，成为顶尖人才的重要培养基地。因此，对于高等教育来说，满足社会和人的发展是必须同时进行的。

然而现实状况却不容乐观，开物成务的谦谦君子踪迹难寻，倒是马尔库塞笔下的"单向度的人"逐渐与高等教育培养出的"人才"相吻合。原因是在经济全球化的影响下，高等教育想要在经济繁荣之中获得一席之地而竭尽心力，在培养人才时颇具急功近利之特性，所培养出来的人才只懂得生存的技巧，却不明白甚至是放弃明白生存的目的，太过于追求结果，而忽视了精神境界的追求和提升。

这样的结果使大学逐渐偏离"教育"的轨道，学生在这里追求不到生活的意义，培养出来的人才更像是工厂生产出来的机器，被强制灌输冷冰冰的知识，灵魂仍然沉睡，高等教育也日益从人的精神世界远离，面临着失去"教育性"的危机。

我们将合目的性放在考察高等教育效率的首位，正是因为当代大学生的精神和心理现状令人担忧。因此，探寻高等教育对经济社会发展的作用，首先应该关注学生的身心健康和全面发展。

2.促进阶层流动是高等教育的基本社会功能

促进阶层流动是高等教育的基本社会功能，并且随着社会的发展，其促进的作用也越来越重要。

在西方国家看来，个人的地位不是由父母的地位决定的，即父母和子女之间的地位不具有继承性，他们关注的是个人能力，即通过个人能力获得的绩效来确定个人的地位。因此在对人才选拔方面，西方国家注重通过教育来进行，他们认为这样能够促进各阶层之间人员的流动，从而带动社会结构功能的变化，推动整个社会发展。这一模式形成的理论基础，是20世纪60年代布劳（Peter M.Blau）和邓肯（Oliver D.Duncan）对社会地位研究所得出的结论。在初始模型中，他们指出，在人们获得社会地位中，教育起着重要的支持作用。这一结论也是如今全球社会分层研究者的基本共识之高等教育全面培养人的能力，能力反过来帮助人才获得不俗的绩效，按照绩效来选拔人才，促进各阶层的流动，社会就会逐渐实现"民主""平等"。这样推算，高等教育效率的提高，得益于其促进阶层流动作用发挥得好。反之亦然。

3. 促进学生个性发展是高等教育的基本个体功能

不管是正规的大学教育也好，还是经历的各种社会事情也好，都可称为是对一个人的教育，因此我们可以说教育是一种重要的途径。通过这个途径，"自然人"变为"社会人"，也就是所谓的"社会化"。虽然人们在转化过程中，所了解和接受的规范和价值标准相同，转化后的人与人之间也存在诸多相似之处，但是社会化仍然是提倡个别性的，因为说实话，一个人社会化程度的高低，关键也是看其个性发挥是否充分。

由此我们也可以知道，高等教育效率的高低，主要是由其促进学生个性发展的程度决定的，高等教育很好地促进学生个性发展，其效率就越高，反之则越低。

（二）提高我国高等教育效率的路径

要使高等教育的功能效率提高上去，必定先解决前述所面临的难题，主要从内外两方面入手，外部即社会各部门与相关机制和制度的配合，而内部，需着重关注以下几方面：

1. 明确高等教育的培养目标

高等教育有明确的目的，才有前进的方向，因此高等教育培养目标的制定和实现，首先应明确高等教育的目的。Leslie（莱斯利）和 Brinkman（布林克曼）（1993）将高等教育的目的总结为以下六点：

其一，提供更多的教育机会。

其二，要能实现公平、效率以及规模扩展这样特定的社会目标。

其三，创造并提供知识，激发和鼓励人们学习。

其四，对受过高等教育的公民进行发展。

其五，针对社会需要，培养并提供有职业技能的劳动者。

其六，推动社会经济的发展。

尽管这些教育目的制定得比较早，但是几乎涵盖了教育要实现的所有目标，因此直到现在也仍然适用。经济的发展推动社会逐渐向多元化发展，社会对教育的需求，使得高等教育的培养目标也逐渐打破单一模式。校园是一个关注学生价值观、成长发展环境、教育政策、强制权利，自身事务等方面的场所，身兼多职，可以说囊括了所有相对应的机构应该承担的职责。

然而这些都不是校园存在的真正意义，"探求真理和学问是大学的核心价值"，也就是说，校园的第一要务仍然是学习。高等教育的发展应该形神兼备，即双重兼顾科学文化与素养精神的共同提高，具体来说就是将校园关注的多方面整合并优化，其根本目标仍是促进经济社会，以及学生个体自由、良好地发展。

2.调整高等教育结构

由前述我们可知，结构性失业是大学生就业面临的最严峻的难题，因此就需要根据社会和市场的需求，对高等教育的结构进行灵活调整。这是解决大学生结构性失业的根本措施。具体我们将从宏观、中观和微观三个方面来分析：

（1）宏观上调整高等教育的类型结构

如全日制和半工半读，普通类与职业类等，像这样的高等教育各类办学类型，以及各种类型之间的比例关系，就是高等教育的类型结构。其中，特别值得注意的就是高职教育，要多多与企业合作，尽力采用并推广半工半读的办学类型。

（2）中观上调整高等教育的专业和学科结构

很多大学生毕业后却没有找到与自己所学专业相关的工作，这主要是因为高等教育自身具有的滞后性和周期长的特点。也就是说，学生在校学习期间，不能根据日新月异的社会需求变化来及时调整自己所学的专业知识。再加上现在我国高校学科不合理的设置，不能同步社会需求，从而造成高校培养出的人才与社会需求脱节的现象，大学生为了适应社会发展和生存，学非所用实乃无奈之举，甚至是有些大学生毕业就等于失业，人才和资源浪费比比皆是。

总的来说，要调整自己的专业和学科设置，在预测、培养方面要具有超前意识，另外，为了适应市场的需求，要积极扩展学生的专业基础。

（3）微观上调整高等教育的课程结构

调整高等教育的课程结构，主要是增加一些应用性、操作性、技能性比较强的课程，原因是现在我国高等教育，尤其是高职教育，受重"学"轻"术"思想影响严重，课程都比较偏向知识理论，培养和训练应用性技能的课程较少。而相应地增加实用性课程，与理论课程相辅相成，才能帮助大学生更快、更好地适应工作岗位的需要。另外，针对大学生就业难的问题，学校要加强对学生职业就业的指导，可以开设相关课程，建立并完善毕业生就业服务网络系统等。

3.加强对大学生的心理健康教育

影响和造成大学生心理健康问题的因素有很多，当然高校也不可避免成为其中的重要因素，甚至可以说，在大学生健康成长方面，高校的担子并不轻。所以才需要高校正确引导并加强对大学生心理健康的教育。

首先，从校园文化氛围入手。要以"学生的发展"为先，努力营造有利于大学生健康发展的校园文化氛围，知识与素养精神兼顾，将德育融入日常教育教学中；其次，建立并完善制度化、规范化心理健康教育体系，一方面，从根源处杜绝影响和造成大学生心理健康问题的因素，另一方面，对于大学生已经出现的心理健康问题，要给予科学合理的咨询和辅导。

参考文献

[1] 童星. 现代社会学理论新编 [M]. 南京：南京大学出版社，2003.

[2] 刘少杰. 现代西方社会学理论 [M]. 长春：吉林大学出版社，1998.

[3] 安东尼·吉登斯. 社会理论与现代社会学 [M]. 文军，赵勇，译. 北京：社会
科学文献出版社，2003.

[4] 钱扑. 教育社会学的理论与实践 [M]. 南宁：广西教育出版社，2001.

[5] 徐泽民. 发展社会学理论 评介、创新与应用 [M]. 北京：中国人民大学出版
社，2014.

[6] 缑文学. 理论自觉与中国社会学的本土化 [M]. 北京：知识产权出版社，2016.

[7] 李宗克. 社会学本土化 历史与逻辑 [M]. 上海：上海人民出版社，2015.

[8] 毛振华. 社会学与和谐社会 [M]. 北京：社会科学文献出版社，2007.

[9] 冯波. 西方古典社会学理论 [M]. 北京：中国传媒大学出版社，2016.

[10] 侯钧生. 西方社会学理论教程 [M]. 天津：南开大学出版社，2010.

[11] 王宁. 社会学本土化议题：争辩、症结与出路 [J]. 社会学研究，2017，32（5）：
15–38，242–243.

[12] 郑杭生. 学术话语权与中国社会学发展 [J]. 中国社会科学，2011（2）：27–
34，4，220.

[13] 潘泽泉. 当代社会学理论的社会空间转向 [J]. 江苏社会科学，2009（1）：
27–33.

[14] 文军. 身体意识的觉醒：西方身体社会学理论的发展及其反思 [J]. 华东师范
大学学报（哲学社会科学版），2008，40（6）：73–81.

[15] 风笑天. 社会学研究方法：走向规范化与本土化所面临的任务 [J]. 华中师范
大学学报（人文社会科学版），2005（6）：44–48.

[16] 樊春良. 默顿科学社会学理论新探 [J]. 自然辩证法通讯，1994（5）：38–44，
53.

[17] 郑杭生，杨敏.社会学理论体系的构建与拓展——简析个人与社会的关系问题在社会学理论研究中的意义 [J].社会学研究，2004（2）：25-34.

[18] 郑杭生.社会转型论及其在中国的表现——中国特色社会学理论探索的梳理和回顾之二 [J].广西民族学院学报（哲学社会科学版），2003（5）：62-73.

[19] 郑杭生，赵文龙.社会学研究中"社会结构"的涵义辨析 [J].西安交通大学学报（社会科学版），2003（2）：50-55.

[20] 周晓虹.社会学理论的基本范式及整合的可能性 [J].社会学研究，2002（5）：33-45.

[21] 李晨旭.微信"朋友圈"交往方式的社会学分析 [D].大连：东北财经大学，2015.

[22] 袁川.高校创新型人才培养的社会学分析 [D].上海：华中师范大学，2014.

[23] 许迪.家庭仪式的情感社会学解读 [D].重庆：西南大学，2013.

[24] 武晋维.吉登斯结构化理论研究 [D].太原：山西大学，2012.

[25] 杜玉华.马克思社会结构理论及其对和谐社会建设的启示 [D].上海：华东师范大学，2011.

[26] 杜健荣.卢曼法社会学理论研究 [D].长春：吉林大学，2009.

[27] 张跃忠.布尔迪厄高等教育社会学思想研究 [D].苏州：苏州大学，2006.

[28] 刘喆.布迪厄的社会学思想研究 [D].武汉：武汉大学，2005.

[29] 路守香.布尔迪厄教育社会学理论研究 [D].上海：华东师范大学，2005.

[30] 谢泉峰.马克思、韦伯、涂尔干社会分层理论比较 [D].武汉：武汉大学，2005.